• 이 책에 보내는 찬사

골프는 비거리를 늘리고, 섬세한 동작으로 타수를 줄여나가며, 무수한 땀방울로 끊임없이 도전하는 스포츠다. 환호도 하고 좌절도 하며 목표를 향해 나아가는 승부의 세계에서 이 책을 통해 골프의 새로운 세상을 만났다. 경쟁에 지쳐 슬럼프가 찾아왔을 때, 한번쯤 나만을 위한 골프가 필요한 골퍼들에게 추천하고 싶다.

– 한연희 전 국가대표 골프감독

몸과 마음을 연결하고 단련하는 것이 좋은 골프의 지름길임을 일깨워주는 책이다. 골퍼들에게 실질적으로 도움이 되는 명상과 운동뿐 아니라 저자의 체험에서 우러난 인생의 지혜와 영감도 선물한다. 나이나 구력에 상관없이 골퍼들에게 좋은 정신적 자극을 준다.

– 최상호 프로골퍼

스윙은 마음의 작동이다. 미스 샷은 '동작의 오류'에서 기인하지만 동작에 오류가 생기는 보다 깊은 이유는 '마음의 오작동'이다. 마음의 흐름을 가다듬으면 기의 흐름이 좋아지고 좋은 샷을 할 수 있다. 온통 스윙의 물리적인 현상에 집착하는 요즘, 호흡과 기를 통해 골프를 설명하는 이 책은 맑은 샘을 발견한 듯한 기쁨을 주었다. 골프를 더 깊고 넓게 이해하는 계기가 되기를 기원한다.

– 김헌 행복골프훈련소 교장

저자만큼 골프 정신을 제대로 구현하는 사람을 본 적이 없다. 그는 골프가 잠재력의 표현이라는 것을 잘 이해하고 있다. 멋진 다음 샷을 만들고, 모든 샷에서 배우고, 작고 하얀 공을 쫓으며 자연 속에 있는 기쁨, 이 모든 것이 골프의 잠재력이다. 저자는 정말 즐겁게 골프를 한다. 100세까지 골프를 즐길 것이라는 그의 말을 믿는다.

– 데이브 비스비 미국 세븐캐년 골프클럽 디렉터

골프에 관한 저자의 통찰력에 놀랐다. 내가 사랑하는 스포츠가 나 자신과 더 깊은 관계를 맺게 도와주고, 단지 다음 우승을 추구하는 데 그치지 않고 더 나은 인간으로 성장하는 데 도움이 된다는 사실에 많은 영감을 얻었다.

– 니콜라 매든 스코틀랜드 힐튼파크 골프클럽 여성 챔피언

치매가 어머니에게 미치는 파괴적인 영향을 지켜보면서 몸과 마음의 건강이 어느 때보다 소중하게 다가온다. 이 책은 평생 골프를 즐길 수 있도록 몸과 정신을 건강하게 유지하는 방법에 대한 청사진을 제공한다.

– 매트 콜콧-스티븐스 골프 칼럼니스트

나는 100세 골퍼를 꿈꾼다

나는
100세 골퍼를
꿈꾼다

일지 이승헌 지음

골프도 인생도 굿 샷으로 만드는
일곱 가지 삶의 기술

한문화

'꿈의 100세 골퍼'를 위한
최고의 가이드북

저자가 5년 전 펴낸《나는 120세까지 살기로 했다》는 출간 즉시 베스트 셀러에 오르며 한국뿐 아니라 전 세계 많은 독자들에게 사랑받았습니다. '120세까지 꿈을 가지고 남은 인생을 가치 있게 살자'는 원대한 메시지가 큰 울림을 줬기 때문입니다.

《나는 100세 골퍼를 꿈꾼다》는 저자의 '장생長生 라이프 스타일' 2탄인 셈입니다. 책에는 저자의 40년 골프 인생 그리고 현대 단학과 뇌교육 창시자로서의 경험과 지식이 고스란히 녹아 있습니다.

저자가 100세 골퍼에 도전하게 된 것은 2012년 겨울, 102세 이종진 옹과의 놀랍고도 감동적인 라운드가 계기였습니다. 사실 100세가 넘으면 걷기도 힘들지 않습니까. 골프 경우에도 80세가 지나면 대부분 채를 놓습니다. 드라이버 비거리가 100m도 안 나가 골프하는 재미가 사라지기 때문입니다. 그런데 102세에 티 샷이 100m를 넘기고, 카트를 타지 않고 18홀 내내 걸어 다닌 데다, 낙천적이고 재치 있는 대화까지 나눴으니 저자가 '100세 골퍼'를 굳게 다짐한 건 어쩌면 당연했습니다.

사실 저는 골프 입문 30년째인 올해부터 골프를 서서히 끊을 생각이었습니다. 같이 운동하는 친구들이 정년퇴직을 한 지 몇 년이 지나 재정적 여유가 없어진 탓입니다. 그래서 그린피가 저렴한 이른 아침 시간을 이용하자는 계획을 갖게 됐습니다. 오전 7시~7시 30분에 티업하려면 새벽 5시에 일어나야 하지 않습니까. 나이가 드니 새벽잠을 설치는 게 싫고, 또 잠이 덜 깬 상태에서 운전하는 것도 달갑지 않았습니다. 그래서 새해부터는 라운딩 횟수를 줄여 다른 여가선용을 하자고 마음먹기에 이르렀습니다.

그런데 책의 처음 몇 페이지를 읽는 순간, 죽비로 세게 맞은 것처럼 정신이 번쩍 들었습니다. 체력과 정신력을 끊임없이 기르면 100세 골프가 눈앞에 보이는데, 70세도 안 돼 '골프 중단'을 생각하고 있다니! 그래서 저는 노후에 달성할 '버킷 리스트'에 하나를 더 추가하게 됐죠.

저자처럼 저 역시 100세까지 건강하게 골프를 하겠다는 도전장을 내민 겁니다.

100세에도 골프를 즐기려면 어떻게 해야 할까요? 이 책에 구체적인 내용이 상세히 설명돼 있습니다. 관절과 근육의 단련, '백스윙-다운스윙-임팩트-팔로 스루'로 이어지는 자연스러운 동작, 라운드 도중의 실패 만회를 위한 호흡법, 골프를 평생 즐길 수 있도록 몸과 마음 훈련하기, 동반자에 대한 배려, 골프 신사도紳士道 등 골퍼로서 반드시 갖춰야 할 태도와 자세가 모두 망라돼 있습니다.

책에 쓰인 대로 갈고 닦으면 '100세 골퍼'의 길이 훤히 보입니다. 또한 가지, 100세 골프를 완성하게 되면 120세 장수는 자연히 따라오게 됩니다. 모든 골퍼들의 꿈인 '에이지 슈팅(자신의 나이와 같거나 적은 타수를 기록하는 것)'이라는 대기록도 넝쿨째 굴러오게 됩니다.

코로나 사태로 해외 못 간 3040들의 너도 나도 골프 입문, 이에 질세라 5060들의 라운드 러시로 한국 골프 인구가 어느새 500만 명에 이르렀고, 연간 내장객은 5000만 명에 이르렀습니다. 이런 급격한 골프 대중화의 흐름에 저자는 타이밍을 딱 맞춰《나는 100세 골퍼를 꿈꾼다》를 출간했습니다. 아무쪼록 이 책이 100세 골프와 120세 장수의 빗장을 활짝 여는 큰 문이 되기를 빕니다.

골프 칼럼니스트 김수인

차 례

1부·100세 골퍼의 꿈

2부·100세 골프를 위한 일곱 가지 예술

| 첫 번째 예술·에너지 | 에너지를 알면 골프가 즐겁다

좋은 골프에 관해 생각하다

십여 년 전만 해도 100살까지 골프를 하겠다고 말하면 많은 사람들이 그게 될 성싶은 일이냐며 코웃음을 쳤을 것이다. 100세 시대가 이미 현실로 다가온 지금은 100세 골프가 더 이상 꿈만은 아니다. 물론 쉬운 일도 아니다. 하늘이 허락해주지 않으면 마음먹는다고 되는 일이 아니지만 충분히 도전해볼 가치가 있는 꿈이다.

5년 전에 《나는 120살까지 살기로 했다》라는 책을 펴냈다. 우리들 대부분이 부모 세대보다 오래 살게 될 것은 기정사실이다. 문제는 '어떻게' 살 것인가다. 그냥 긴 수명이 아니라 자신이 선택한 삶의 목적을 이루며 건강하고 행복하고 충만하게 오래 사는 삶, 장수가 자신뿐만 아니라 주위 사람들과 세상에도 축복이 되게 하자는 내용을 담고 있다. 이 책은 120세 인생에 대해 실험하고 모색하는 과정에서 나온 것이다.

　'내 삶의 목적이 무엇인지, 내가 무엇을 원하는지'를 찾는 과정에서 내 몸과 의식을 탐구하기 시작했다. 청소년기부터 풀리지 않던 인생에 대한 의문에서 오는 혼란과 공허함을 잊기 위해 태권도, 합기도 등의 무술에 몰두했다. 20대 후반에 '나는 누구인가'에 대한 답을 찾지 못하면 더 이상 살 수 없을 것 같은 절박함 때문에 목숨을 건 수행을 시작했고 마침내 답을 찾았다. 그리고 그 답을 통해 인간의 뇌와 몸 안에 얼마나 위대하고 창조적인 정신과 힘이 있는지를 깨달았다.

　답을 찾은 후에는 나처럼 삶의 목적과 의미를 알고자 하는 사람들을 돕고, 인간의 뇌와 몸이 가진 무한한 가능성을 개발하기 위해 고대 선도仙道의 전통을 기반으로 단학丹學이라는 심신수련법을 만들었다. 나중에는 이를 뇌와 접목하여 뇌교육으로 체계화했다. 뇌를 생물학적, 의학적으로 연구하는 기관은 많지만 실생활에서 어떻게 활용할지에 관해 연구하는 곳은 찾아보기 힘들다는 것을 깨닫고 뇌 활용을 학문화하겠다는 목표를 가지고 한국뇌과학연구원과 대학을 세웠다. 나는 개인의 잠재력을 개발하고, 지속가능하고 평화로운 세상을 만드는 핵심 열쇠가 뇌에 있다고 믿는다. 그래서 뇌의 중요성을 알리고 누구나 뇌를 더 잘 활용하여 삶의 질을 높일 수 있는 방법을 개발하고 보급하는 일에 전념해왔다.

내가 골프에 빠진 이유

30대 초반에 골프를 시작했으니 이제 구력이 40년 다 되어간다. 한국의 많은 골퍼가 그렇듯이 처음에는 사람들을 만나고 인맥을 넓히기 위해 시작했다. 하지만 어느 순간부터 골프의 매력에 깊이 빠져 골프 자체를 즐기게 되었다.

골프에 흥미를 느꼈던 이유 중 하나는 골프가 생각대로 잘 되지 않았기 때문이다. 인간의 몸과 의식을 수십 년간 연구해온 기공과 명상, 뇌 훈련의 전문가인 내게도 골프는 녹록치 않았다. 미리 고백하자면 나는 골프의 둔재다. 엄정하게 평가하면 40년이 지난 지금도 여전히 보기bogey 플레이어다. 만만하게 생각했던 골프가 내 마음대로 되는 것이 아니라는 것을 깨달으니 골프 앞에서 겸허해질 수밖에 없었고, 호기심을 넘어 구도하듯 연구하는 자세를 갖게 되었다. 골프는 나 자신을 끊임없이 돌아보게 했고, 목표를 향해 도전하게 만들었다. 예측할 수 없는 변화 속에서 유연하고 창조적으로 사고할 수 있도록 나를 훈련시켰다. 멘탈 스포츠인 골프에 필요한 집중력, 평정심, 자신감, 골프의 신사도 정신이 강조하는 양심과 배려, 동반자와 자연에 대한 존중, 끊임없이 몸과 마음을 단련해야 하는 골프의 특성이 뇌교육이 추구하는 가치와 일맥상통하기 때문에 골프를 더욱 사랑하게 되었다.

골프에 매료된 후 단학과 뇌교육의 심신수련과 골프를 접목한 책을 쓰고 싶다는 생각을 오래전부터 해왔다. 25년 전에 스윙 감각을 키우는 데 도움이 되는 기체조를 만들었고, 꿈에서 영감을 얻어 퍼터를 직접 디자인도 해봤다. 40대 후반부터 생각해왔던 책을 일흔이 넘어서야 펴낸다. 내 골프가 이제야 이 책을 허락하나 보다 생각하고 있다.

나는 프로골퍼도 아니고 골프 코치도 아니다. 그저 골프를 사랑하고 즐기는 아마추어 골퍼일 뿐이다. 나는 독학으로 골프를 시작했다. 남의 말을 잘 안 듣는 고집스러운 성격 탓에 혼자서 많은 시행착오를 겪었다. 내 고집에 대한 벌인지 상인지는 모르겠으나, 그 대가로 더 많은 인내와 절제와 수행의 시간을 가진 것에 감사하고 위안으로 삼는다.

골프에 입문하는 사람들에게 독학을 권하고 싶지는 않다. 좋은 레슨 프로에게 기본을 충실히 배우라고 하고 싶다. 골프는 첫 선생님이 중요하기 때문이다. 하지만 누군가의 폼이나 특정한 스타일에 얽매이지 말고 자기에게 맞는 자유로운 골프를 즐기라고 권하고 싶다. 골프는 처음에 멘토가 있든 없든 어느 단계에 이르면 결국 독학이 될 수밖에 없다. 자기 몸을 조절하고 자신만의 감각을 기르고 터득하는 것은 자기 몫이며, 스스로 연구하며 발전시켜야 하기 때문이다.

이 책의 구성과 주요 내용

이 책은 골프에 대한 체계적인 입문서나 기술서가 아니다. 개인적인 골프 경험과 내가 오랫동안 연구하고 가르쳐온 뇌교육이 하나로 만

나서 얻게 된 아이디어들과 나에게 도움이 되었던 골프 팁을 동료 골
퍼들과 나누는 책이다. 골프 테크닉이 아니라 골프를 평생 즐길 수 있
도록 몸과 마음을 훈련하고 몸과 마음 사이의 연결을 강화하는 방법
을 담았다. 골프를 단지 스포츠나 취미가 아니라 평생을 함께할 자기
수양으로 여기는 진지한 골퍼들을 떠올리며 이 책을 썼다.

이 책은 크게 3부로 이루어져 있다.

1부는 평생 골프를 즐기기 위한 마음 자세에 대한 내용이다. 당신이
지금 40대 골퍼든 나와 같은 70대 골퍼든 평생 건강하게, 이왕이면
100살까지 골프하는 모습을 상상해보자. 인생 전체를 장기적인 안목
으로 바라보고 설계하면 삶을 더 충실하게 꾸릴 수 있듯이 골프도 그
렇다. 100살까지 건강하게 골프를 즐기겠다고 마음먹으면 몸과 마음
의 관리는 기본이고 골프가 내 인생에서 갖는 의미를 생각하게 된다.
그리고 골프에 대한 나름의 철학을 갖게 된다.

시간은 유한한 우리 인생에서 참으로 값진 자산이다. 다른 스포츠
에 비해 많은 시간을 써야 하는 골프를 평생 하겠다면, 이왕이면 그
시간을 좀 더 가치 있게 만들고 싶지 않은가. 골프를 몸과 뇌와 정신
을 훈련하는 수행이자 평생의 마음공부로 삼아보는 것은 어떤가. 1부
에서는 즐겁고 행복한 골프, 자신에게 맞는 자연스러운 골프, 교감하
는 골프에 대한 생각을 담았다.

2부에서는 100세 골프를 위한 몸, 마음, 정신 훈련법을 '일지 브레인 골프'라는 이름으로 소개했다. 골퍼에게 도움이 되는 뇌교육의 원리와 수련법을 에너지, 피트니스, 호흡, 명상, 힐링, 기공, 의식의 7가지 예술로 나누어 다루었다.

7가지 예술 중에서 가장 기초가 되는 것은 기氣, 바로 에너지다. 기를 터득하고 운용하는 우리 고대의 선도문화 속에는 골퍼들이 추구하는 이상적인 몸과 골프 멘탈의 비밀이 숨어 있다. 선도와 뇌교육의 핵심 에너지 원리가 어떻게 골프를 향상시키는지 알게 될 것이다. 골프 실전에 바로 적용할 수 있는 실질적인 팁과 조언을 많이 찾을 수 있을 것이다. 또한 뇌교육의 원리와 여러 심신 수련법을 자신의 골프에 적용하여 효과를 본 골퍼들의 체험담도 실었다.

3부에서는 골프가 내게 가르쳐준 인생의 지혜, 기억에 남는 골프 경험담, 내가 꿈꾸는 골프에 관한 이런 저런 생각을 편안하게 나누었다. 친구가 페어웨이를 함께 걸으며 들려주는 이야기 정도로 받아들여주면 좋겠다.

골프와 우리 인생은 분리되어 있지 않다. 우리는 인생에서 배운 것을 코스로 가져오고, 코스에서 배운 것을 다시 인생으로 가져간다. 내가 골프를 통해 깨달은 것 중의 하나는 좋은 골퍼는 좋은 사람이기도 하다는 것이다. 남과 비교해서 최고가 되려고 하기보다 매 순간 나 자신에게 최고가 되기 위해 최선을 다하는 골퍼, 함께하는 동반자들을 존중하고 배려하는 골퍼들에게서는 신사의 향기가 난다. 그 향기는 골프 코스를 넘어 그들의 일과 일상에까지 스며들 것이다.

나는 전 세계를 여행하며 서로 다른 배경과 문화를 가진 수많은 사람들을 만나 뇌교육을 보급해왔다. 그 과정에서 모든 인간의 마음속 깊은 곳에는 생명과 세상에 대한 뜨거운 관심과 사랑이 있다는 것을 확신하게 되었다. 우리는 단지 자기 자신만을 위해서 뭔가를 할 때보다 다른 사람과 더 나은 세상을 위할 때 가장 위대한 자기 자신이 될 수 있는 존재다. 우리 안에는 내 삶이 소중하고 가치 있는 만큼 모든 생명이 건강하고 행복하기를 바라는 마음이 있고, 평화롭고 지속가능한 세상을 만들고 싶은 소망이 있다. 나는 그런 마음과 소망이 골프를 통해 더 잘 표현되고 길러질 수 있으며 골프가 좋은 사람, 좋은 세상을 만드는 데 도움이 된다고 믿는다.

대한민국에서 정기적으로 골프를 하는 사람이라면 그만큼 사회와 자연으로부터 혜택을 받아왔고 주위에 영향력을 미칠 수 있는 사람일 것이다. 각자가 얼마만 한 영향력을 갖고 있든 골프가 그 힘을 더 선하고 아름다운 방향으로 쓰는 데 기여할 수 있기를 바란다.

골프는 브레인스포츠

이 책에서 소개한 여러 개념과 기술들은 골프 코스를 넘어 다양한 분야에 적용할 수 있다. 골프 외에 다른 운동도 하고 있다면 이 책의 내용을 그 운동에도 활용해볼 것을 권한다. 수영, 달리기, 농구, 양궁,

테니스, 야구 등 몸과 뇌를 사용하는 모든 활동에 일지 브레인 골프의 7가지 예술을 적용해볼 수 있다. 이것이 내가 '브레인스포츠'라는 개념을 제안하고 뇌교육의 원리와 방법을 스포츠 분야에 적용하는 연구와 실험을 계속해온 이유다.

브레인스포츠는 스포츠를 통해 인간의 뇌가 가진 진정한 잠재력을 개발하는 데 집중한다. 이 잠재력은 경기에서 이기기 위한 기술과 능력을 향상시키는 것만을 의미하지 않는다. 브레인스포츠는 스포츠를, 소수의 엘리트들이 인간 신체능력의 한계에 도전하는 경쟁의 게임에서 모든 사람이 심신의 조화로운 발달과 균형, 용기와 자신감, 공감능력, 창의성을 기르는 활동으로 확장하려는 노력이다. 이 책은 내가 생각하는 브레인스포츠의 이상을 골프를 통해 표현해보려는 시도이기도 하다. 골프는 혈기왕성한 젊은이들뿐만 아니라 남녀노소가 즐길 수 있고 100세를 넘어서까지도 할 수 있는 평생 운동이기 때문에 브레인스포츠의 목적에 더할 나위 없이 잘 들어맞는다. 골프가 인간의 뇌 속에 있는 위대한 정신과 품성을 기르고 빛내는 브레인스포츠가 되기를 바란다.

2022년 봄
일지 이승헌

1부

100세
골퍼의 꿈

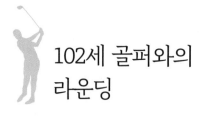

102세 골퍼와의
라운딩

그날은 영상 4도의 겨울 아침이었다. 허허벌판인 골프장에서 느껴지는 체감 온도는 영하를 넘나들 만큼 추웠다. 102세인 이종진 옹은 아들과 함께 간편한 옷차림으로 나타났다.

티잉 그라운드에는 라운딩을 함께할 그와 그의 아들, 나와 내가 데려온 동반자 외에도 우리의 라운딩을 영상과 사진으로 기록할 팀까지 꽤 많은 사람들이 모여 있었다.

준비 운동을 마치고 이 옹이 가장 먼저 티 박스에 섰다. 나를 비롯해 주변의 모든 사람들이 침을 꼴깍 삼키며 그의 첫 샷을 주시했다. 다들 100살이 넘은 사람을 직접 본 것도 처음인데 그 나이에 필드에 나와 골프를 하니 그의 첫 스윙을 목격하는 순간이 흥분될 수밖에 없었다.

숨죽인 주위의 분위기와 자신에게 집중된 시선을 느꼈던 것일까? 셋업 자세를 취하려던 이 옹이 일행 쪽을 돌아보며 한마디 던졌다. "다들 나 구경하러 온 것 같아." 그의 농담에 긴장감이 돌던 분위기가 빵 터진 웃음과 함께 풀렸다.

그는 안정감 있게 셋업 자세를 잡고 드라이브 샷을 날렸다. "굿 샷!" 일행 모두 박수를 치며 환호했다. 그의 공은 130미터를 날았다. 젊은 골퍼들에 비하면 짧은 비거리이지만 102세에 그처럼 안정된 자세로 스윙을 하는 것 자체가 기적 같은 일이었다.

일행이 모두 티 샷을 한 뒤 캐디의 안내에 따라 막 카트를 타려고 할 때였다. 이 옹이 손사래를 치며 걸어가겠다고 했다. 모두 놀랐다. 아직 서리가 다 녹지 않아 잔디가 제법 미끄러웠다. 이 옹이 혹시 넘어지기라도 하면 큰일이라 나도 적잖이 걱정되었다. 일행 모두 카트를 타고 이동할 것을 권했지만 이 옹은 한사코 사양했다. "걸어서 잔디를 밟으며 골프를 하는 것이 가장 큰 행복이에요. 카트를 탈 거면 뭐 하러 여기까지 와!" 하며 앞장서서 걸었다. 모두 머쓱해 하며 그의 뒤를 따를 수밖에 없었다.

동석했던 그의 66세 아들이 말하길, 아버지랑 가끔 필드를 나가면 자기는 무릎이 약해서 카트를 타지만 아버지는 지금도 18홀을 거뜬히 걷는다고 했다. 라운딩 중 다소 가파른 오르막 경사에서는 나도 몇 번 숨이 차는 것을 느꼈는데 이 옹은 전혀 그런 기색이 없으니 감탄이 절로 나왔다. 이 옹의 연세를 생각해 당초 9홀만 하려고 했던 라운딩은 18홀을 꽉 채우고 마무리되었다.

라운딩 내내 그의 스윙과 모든 움직임을 유심히 살펴보았다. 이 옹의 드라이버 샷은 130~150미터 정도 나갔다. 그는 홀 주변의 지형지물과 그린의 경사도를 꼼꼼히 살피며 훌륭한 어프로치 샷과 퍼트를 했다. 대부분의 그린에서 투퍼트 이상을 넘기지 않았다. 그의 몸은 라운딩을 함께한 50~60대인 우리들에 비하면 강하지도 유연하지도 않았다. 하지만 그의 스윙에는 뭐라 표현하기 힘든 어떤 것이 있었다. 100년의 세월을 견디며 닳은 몸의 한계에도 불구하고 그의 스윙은 부드럽고 균형 잡히고 아름다웠다. 그때 문득 이런 생각이 들었다. "아, 이분은 지금 본인이 할 수 있는 가장 완벽한 스윙을 하고 있구나!"

또 하나 인상 깊었던 것은 게임 내내 이 옹이 보여준 여유로움이었다. 그는 재치 있는 입담과 가벼운 농담으로 라운딩 분위기를 가볍고 밝게 만들었다. 내가 이 옹과 기념사진을 찍기 위해 모자를 벗자 이 옹이 자신보다 더 흰 내 머리카락을 보고 한마디 했다. "어이구, 내가 형님이라고 불러야겠어." 우리는 마주보며 파안대소했다.

이 옹은 본인의 101세 기념 라운드에서 89타를 기록한 에이지 슈터age shooter이다. 그는 젊었을 때 연식정구 선수로 전국선수권대회에서 10연승을 거둔 스포츠인이자 성공한 기업인이었다. 비교적 늦은 나이인 54세에 골프를 시작해 순식간에 골프의 매력에 빠져들었다고 한다. 엄청난 집중력과 연습량으로 골프를 시작한 지 6개월 만에 싱글 핸디캐퍼가 되었다. 한창 때 그의 골프 실력은 핸디캡 8이었다.

오늘 게임이 어땠느냐는 내 질문에 이 옹이 답했다. "예전에는 버디가 거뜬했는데 지금은 그린에 공을 올리기까지 네댓 번 이상을 쳐야 해요. 타수에 신경 쓰지 않은 지는 오래되었어요. 오늘처럼 라운딩을 나선 이들과 즐겁게 어울리고, 코스를 내 두 발로 걸을 수 있어서 행복합니다."

그날 이 옹과의 라운딩은 내가 요청해서 이루어진 것이다. 어느 날 우연히 신문에서 이종진 옹에 대한 기사를 봤다. 당시 골프에 관한 책을 쓰기 위해 자료를 수집하고 있었기에 101세 에이지 슈터인 그의 이야기는 단번에 내 관심을 사로잡았다. 약속을 잡고 그와 라운딩을 할 생각을 하니 마치 소풍날을 기다리는 아이처럼 가슴이 설렜다.

내가 이 옹과의 라운딩을 계획했던 데는 개인적인 이유가 한 가지 더 있었다. 당시 아버지가 89세셨는데 건강하고 활기차던 분이 80대 중반을 넘기면서부터 급격하게 쇠약해지셨다. 집 밖에도 거의 안 나가고 종일 한마디도 안 하실 때가 있을 정도로 말수도 줄었다. 아버지를 뵐 때마다 "건강하게 오래 사셔야죠." 하고 말씀드리면 "살 만큼 살았다. 살 낙이 없으니 이제 빨리 가야지."라고 하셨다.

삶의 의욕을 잃고 무력하게 돌아가실 날만을 기다리는 아버지를 뵐 때마다 안타까웠다. 100세에도 정정하게 골프를 즐기는 이 옹을 직접 만나 아버지께 그가 공을 치는 사진도 보여드리고 노년 건강에 대한 이 옹의 조언도 전해드리고 싶었다. 아버지에게 희망과 의욕을

북돋워 드리고 싶었다.

지금 돌아보면 이 옹과의 만남에서 더 큰 동기부여를 받은 것은 아버지가 아닌 나 자신이었다. 100세가 넘은 나이에 18홀을 '걸어서' 라운딩을 하며 주위 사람들을 즐겁게 하는 그의 모습을 보며 생각했다. '건강하게 오래 골프를 하는 것도 예술이구나!'

나는 100살까지
골프를 즐기기로 했다

이종진 옹을 만났을 때 내 나이 62세였고, 구력이 30년째에 접어들 무렵이었다. 골프가 내 인생의 중요한 일부가 되었고 나날이 늘어가는 골프 실력을 만끽하고 있을 때였다. 몸은 나이가 들어가지만 타수는 오히려 낮아졌고 몰입감도 그 어느 때보다 깊어졌다. 항상 좋은 골프를 한 것은 아니었지만 라운딩을 할 때마다 나 자신과 골프에 대해 무언가를 배우게 되니 뿌듯하고 즐거웠다.

상식적으로 생각하면 젊었을 때보다 몸이 힘들 것 같은데 전혀 그렇지 않았다. 걸어서 9홀쯤을 돌면 다리도 약간 아프고 허리와 어깨가 결린 듯하다가도 18홀을 마치고 나면 언제 그랬냐는 듯이 온몸이 다 풀리고 에너지가 넘쳤다. 혼자서 라운딩을 마치고 나서 9홀이나 18홀을 더 돌 때도 있었다.

골퍼라면 건강한 몸으로 평생 골프를 즐기고 싶을 것이다. 나 역시

이 옹을 만나기 전에도 골프를 오랫동안 하고 싶다는 생각을 자주 했다. 하지만 그때까지만 해도 막연한 바람 같은 것이었다. 80대 골퍼는 종종 보이지만 90대는 드문지라 100살까지 골프를 하려면 얼마나 대단한 천복을 타고나야 할까 생각하곤 했다.

그런데 이 옹을 만나고 그동안 신문이나 TV에서만 듣던 '백세시대'가 더 이상 남의 이야기가 아님을 실감했다. 100살이 넘은 사람과 직접 라운딩을 해보니 어렴풋한 꿈으로 존재하던 100세 골퍼가 내 친구 중에서 나올 수도 있고, 내가 그 주인공이 될 수도 있겠다는 가능성을 보았다. 그런 가능성을 생각하는 것만으로도 짜릿했고 기뻤다. 골프에 대한 나의 애정이 얼마나 깊은지도 다시 한 번 깨달았다. 나는 골프를 정말 사랑한다! 지금까지 일과 사람 외에 내가 가장 지속적으로 몰두한 것이 골프다. 골프를 내가 원하는 만큼 오래 할 수 있다면 내 골프를 더 소중하고 값진 경험으로 만들고 싶다는 의지가 솟구쳤다.

그 가능성을 현실로 만들기 위해 100살까지 골프를 하겠다고 의식적으로 선택했다. 100세에 100타를 치는 에이지 슈터의 꿈도 갖게 되었다. 머리말에서도 밝혔지만 나는 120살까지 살겠다는 선택도 했다. 긴 안목으로 노년을 새롭게 설계하고 내가 선택한 인생 후반기의 꿈을 완성하기 위해 장수시대가 인간에게 허락할 수 있는 최대의 숫자를 내 수명으로 정했다.

처음에는 120살까지 살겠다는 생각, 골프를 100살까지 즐기겠다는 생각이 나 자신에게도 낯설었다. 이런 생각은 계산해서 나온 것이 아니다. 오로지 내 선택이고 결심이었다. 쉽지 않은 일이라는 것을 잘 알고 있다. 하지만 인간의 잠재 수명과 골프 수명에 관해 연구하고 사색하면 할수록 불가능한 일이 아닌 많은 사람들의 현실이 될 수 있다는 생각을 굳히게 되었다.

2021년 6월 〈데모그래픽 리서치Demographic Research〉에 발표된 한 논문이 미래의 의학적, 과학적 발견에 대한 다양한 가능성에 대해 통계를 냈다. 그 결론에 따르면 2100년에 인간의 최대 수명이 130세까지 늘어날 수 있다고 한다.

내가 100살까지 골프를 하겠다고 선택한 것은 평생 골프를 즐길 수 있을 만큼 건강과 체력을 유지하겠다는 의지의 표명만은 아니다. 가까이 다가갈수록 더 신비롭게 느껴지는 골프를 통해 나 자신과 인생을 끝까지 탐구하겠다는 스스로와의 약속이기도 하다. 또한 내 인생과 골프에 대한 절대 긍정, 내일을 기대하게 만드는 희망을 끝까지 놓지 않겠다는 다짐이기도 하다.

구력이 오래된 골퍼들에게 골프는 건강법이나 취미 이상일 것이다. 내게도 그렇다. 골프는 나를 행복하게 하는 신나는 놀이고, 내 마음을 들여다보는 명상이다. 골프는 내 몸과 마음의 상태를 진단해줄 뿐만 아니라 때로 처방도 해주는 의사다. 또한 내게 인생의 지혜를 깨우쳐주는 스승이고 아무하고도 나눌 수 없는 고독을 함께하는 벗이기도 하다.

평생 내 몸을 연구하고 단련시켜왔지만 100살까지 골프를 하겠다는 목표를 세우고 나서 그 어느 때보다 진지하고 성실하게 내 몸과 뇌를 훈련하는 일에 몰두하고 있다. 이미 내 생활의 일부가 되어 있는 기공과 명상, 호흡은 물론이고 근력을 단련하는 시간도 더 늘렸다. 사무실에 앉아서 업무를 볼 때나 자동차를 타고 이동할 때도 틈만 나면 몸을 움직이며 근력과 지구력을 키운다. 골프가 평생을 함께할 내 공부이자 수행이라 생각하니 더 소중하게 느껴진다. 내가 선택한 100세 골퍼의 꿈을 내 몸이 계속 응원해주고 하늘이 허락해주기를 바라고 있다.

평생 골프를 하겠다고
마음먹어라

100세 골퍼의 영감을 주는 사례는 내가 만난 이종진 옹만이 아니다. 미국의 최고령 PGA멤버였던 거스 안드레원Gus Andreone은 107세의 나이로 세상을 떠나기 몇 달 전까지도 일주일에 세 번씩 9홀을 라운딩하곤 했다. 그는 평생 여덟 번의 홀인원을 했는데 마지막 홀인원이 103세 때였다.

2019년에 100주년을 맞이한 유럽 KLM 오픈 투어에서는 13홀에서 100세 독일인 할머니 수잔 호상Susan Hosang이 프로들과 함께 플레이를 했다. 점프하듯 경쾌한 발걸음으로 티잉 그라운드에 들어서서 샷을 날린 후 환하게 미소 짓는 그녀의 모습은 TV를 통해 전 세계로 중계되었다. 그날 함께 플레이를 했던 한 선수는 수잔이 그런까지 어찌나 빨리 걷던지 깜짝 놀랐다고 한다. 수잔이 클럽을 잡기 시작한 나이는 70세였다.

골프의 전설인 잭 니클라우스Jack Nicklaus와 게리 플레이어Gary Player 는 80대 중반이다. 그들은 프로선수에서는 은퇴했지만 매년 마스터 스에서 시타를 하고 있으며 골프 사업가로서 왕성하게 활동하고 있 다. 게리 플레이어가 78세 때 ESPN에 공개한 알몸 사진을 기억하는 가? 당시 그는 자신의 신체 나이는 45세라며 젊은이 못지않은 날렵 한 몸매와 탄탄한 근육을 자랑했다. 그는 85세인 지금도 매일 라운딩 을 한다.

골퍼라면 대부분 목표 타수가 있다. 골프에 입문한 지 얼마 안 된 사람은 100타, 소위 백돌이를 벗어나고자 할 것이다. 자신의 골프 경 험과 나이, 체력 등에 따라 90타, 80타, 싱글, 에이지 슈터 등 다양한 목표를 가지고 있을 텐데 혹시 자신의 골프 수명에 관해 생각해본 적 이 있는가? 있다면 몇 살까지 골프를 하고 싶은가? 70세, 80세, 90세, 100세? 목표 타수 외에 평생 골프를 하겠다는 목표를 더 추가할 것을 제안한다.

예전에는 장수가 소수에게 주어진 행운이었으나 지금은 많은 사 람이 누리는 축복이 되었다. 우리가 100살, 아니 그 이상까지 골프를 하지 못할 이유가 무엇인가? 자신의 골프 수명을 선택한다는 것은 자 연이나 신의 의지를 거스르겠다는 오만함과는 거리가 멀다. 삶의 여 러 분야에서 발전과 성장을 위해 목표를 세우고 그것을 달성하기 위 해서 최선을 다하듯이, 자신의 골프 수명에 대해서도 적극적인 자세를 가질 필요가 있다.

이왕이면 '그때까지 골프를 할 수 있으면 좋겠다'나 '노력해보겠다'가 아니라 '그 나이까지 골프를 반드시 하겠다'라고 마음을 먹자. '어느 골프장에서 90세 생일기념 라운딩을 하겠다'와 같이 구체적인 목표를 정하면 더욱 좋다. 자녀와 손주도 골프를 한다면 3대가 함께 라운딩을 하겠다는 목표를 세우는 것도 의미 있을 것이다.

'반드시 하겠다'와 '한번 해보겠다' 사이에는 미묘하지만 근본적인 차이가 있다. '한번 해보겠다'는 자신의 내부에서 마음이 하나로 모이지 않기 때문에 에너지를 100퍼센트 쓸 수가 없다. 마음속에 확신이 없다는 것을 뇌가 이미 알고 있기 때문이다. 반면에 '반드시 하겠다'는 마음을 먹으면 확신이 생기고 마음이 가벼워진다. 내면에서 혼란이나 갈등이 없기 때문에 에너지를 100퍼센트 쓸 수 있다. 당신이 정말로 하겠다고 마음먹으면 뇌가 알아차리고 그 일을 이룰 수 있도록 만반의 준비를 한다. 신기하게 주위 여건도 당신의 선택을 응원하는 쪽으로 바뀌어간다.

물론 우리가 골프 수명을 선택한다고 해서 그 나이까지 건강하게 골프를 할 수 있다는 100퍼센트 보장은 없다. 하지만 인간에게 주어진 위대한 힘인 자유의지와 열정으로 몸과 마음을 적극적으로 관리한다면 건강하게 오랫동안 골프를 할 수 있는 확률은 커진다.

골프는 다른 운동에 비해 노년에도 부담 없이 할 수 있는 운동이지만, 나이가 들어 비거리는 줄어드는데 타수는 늘면 클럽을 놓으려는 사람들이 꽤 된다.

이종진 옹은 101세에 에이지 슈팅을 했고, 아서 톰슨Arthur Thompson 은 103세에 103타를 쳐서 최고령 에이지 슈팅 기록을 세웠다. 요즘은 100세 생일에 기념 라운딩을 하는 골퍼들에 대한 뉴스가 심심찮게 나온다. 내가 세도나에서 만난 골퍼들 중에는 70대나 80대에 들어서 골프채를 잡기 시작했다는 사람들도 있다. 그런데 그 나이가 되었다 고 골프를 포기할 필요는 없지 않겠는가.

나는 몇 달 전 100세가 된 어르신을 한 분 더 만났다. 뉴질랜드의 수도인 오클랜드에 뇌교육을 가르치는 단센터가 있다. 그 센터에 다 니는 한 교민 회원이 한인회에서 100세가 된 어르신을 알게 되었는 데 내가 꼭 만나야 할 사람이라며 연락을 해왔다. 반가워서 한달음에 오클랜드로 갔다.

김인명 옹은 주황색 바지에 멋진 청재킷을 걸치고 나타났다. 알고 보니 그는 1980년대 후반, 내가 한국에서 단학을 가르치던 초창기에 수련을 시작한 회원이었다. 20여 년 전 가족과 함께 뉴질랜드로 이민 간 후에도 매일 수련을 하며 건강을 관리해왔다고 한다. 100세인 지 금도 돋보기 없이 책을 읽고, 더 놀라운 것은 아직까지 직접 운전을 한다!

김 옹의 몸 상태를 살펴보았다. 이런 것쯤은 식은 죽 먹기라는 듯 그는 앉은 자세에서 다리를 넓게 벌리고 허리를 숙여 양손으로 발끝 을 잡아 보였다. 반가부좌 자세, 등 뒤에서 손을 엇갈려 맞잡기, 굴렁

쇠 등의 자세는 웬만한 50대보다 나았다. 골프를 하지는 않지만 지금 시작해도 충분히 좋은 스윙을 할 수 있는 근력과 유연성을 가지고 있었다. 나이가 몇 살이든 자기 관리를 어떻게 하느냐에 따라 활력 있고 건강한 삶을 살 수 있다는 것을 확인시켜준 장생의 모델이다.

그러니 자신이 오랫동안 건강하게 골프를 할 수 있다고 믿어보자. 아니, 그렇게 선택하자. 여기서 중요한 것은 '결심'하는 것이다. 마음을 먹는 것이다. 모든 성공은 마음을 먹는 데서부터 시작된다. 마음을 먹는다고 모든 것이 다 절로 이루어지는 것은 아니지만 마음을 먹지 않으면 되는 일은 아무것도 없다. 무엇인가가 되겠다거나 무엇인가를 하겠다는 마음을 먹고 목표를 세우는 것, 그리고 그 목표를 달성하기 위해 끊임없이 도전하고 노력하는 것, 이것은 인간의 뇌가 가진 위대한 특성이자 능력이다.

'선택하면 이루어진다.' 내가 뇌를 활용하는 데 가장 중요하게 생각하는 법칙 중의 하나다. 뇌는 우리가 무엇인가를 진실하게 선택하면, 그것을 이루기 위해 노력한다. 우리가 선택한 것을 이룰 방법이 이 세상에 존재하지 않는다면, 뇌는 때때로 그 방법까지 스스로 발명해낸다. 포기하지 않고 집중하고 노력하면 언젠가는 선택한 목표에 가까이 가게 된다. 다음번 티잉 그라운드에 서면 스스로에게 진지하게 물어보기 바란다. 몇 살까지 골프를 하고 싶은가? 몇 살까지 골프를 즐기겠는가? 이 질문과 그에 대한 답이 당신의 골프에 어떠한 변화를 가져오는지 열린 마음으로 지켜보기 바란다.

100세 골프는
즐거운 골프

100살까지 골프를 하려면 어떤 마음 자세가 필요할까? 내가 생각하는 100세 골프의 특징은 즐거운 골프, 자연스러운 골프, 교감하는 골프다. 이런 골프라면 자연이 허락하는 한, 골프채를 들 수 있는 힘이 남아 있는 한 계속하고 싶다.

우선 100세 골프는 무엇보다 즐거워야 한다. 평생 할 스포츠라면 당연히 좋아해야 하고 재미를 느껴야 할 것이다. 비즈니스 파트너를 접대하거나 인맥을 쌓기 위해, 동년배들 사이의 대화에서 소외되지 않기 위해 골프를 시작한 사람도 많다. 그렇게 시작했어도 골프를 오랫동안 하는 까닭은 나름 재미가 있기 때문일 것이다. 아마추어란 '애호가', 무언가를 본업으로 삼는 사람이 아니라 좋아하고 즐기는 사람이란 뜻이 아닌가.

골프가 재미있고 좋아서 하는 사람들도 골프를 하면서 스트레스를 많이 받는다. 골프는 다른 스포츠처럼 실력을 일정한 수준으로 유지하기가 쉽지 않다. 연습을 열심히 해도 그날의 컨디션이나 날씨, 함께하는 동반자, 멘탈 조절력에 따라 플레이가 널뛰듯 하는 일이 다반사다.

유명한 프로골프 선수들도 마찬가지다. 골프 황제 타이거 우즈Tiger Woods도 2020 마스터스 마지막 라운드 12번 홀(파3)에서 공식대회 최악의 개인 기록인 10타를 쳤다. 기준 타수보다 7개나 더 친 것이다. 공이 연이어 두 번이나 물에 빠졌고, 다음 샷은 그린을 지나 벙커에 빠지고, 벙커에서 날린 샷은 다시 그린을 지나 물에 빠졌다. 10년, 20년을 골프장에서 살다시피 한 프로선수도 어느 날 갑자기 드라이버를 어떻게 쳐야 할지 몰라서 슬럼프에 빠지기도 하는 것이 골프의 세계다.

골프에 입문해서 잘 맞은 샷이 주는 짜릿함을 맛보기 시작하면 '이렇게 재밌는 걸 왜 진작 몰랐을까?' 싶을 정도로 흥분에 휩싸이지만, 곧 골프가 마음먹은 대로 되지 않는다는 것을 알게 된다. 연습장에서는 잘 맞던 공이 필드에만 나가면 빗나가거나 친구들의 실력은 쑥쑥 느는데 자기만 제자리걸음인 것 같을 때는, 스트레스가 극심해져 '내가 왜 이걸 시작했나!' 후회하며 당장 때려치우고 싶은 마음이 들기도 한다. 하지만 한 번의 드라이버 샷이 온몸이 짜릿할 정도로 잘 맞거나 긴 퍼트를 성공하고 나면 그런 후회가 일순간에 사라지며 골프와 애증의 줄다리기를 하게 된다.

이런 줄다리기를 안 해본 골퍼는 드물 것이다. 하지만 심해지면 골프를 즐기는 것이 아니라 골프에 치여서 살게 된다. 골프가 무거운 짐처럼 느껴진다. 특히 프로들의 멋진 스윙 폼이나 비거리에 집착하거나 다른 사람들과 비교하며 스코어 때문에 속을 끓이면, 골프가 삶에 활력을 주는 것이 아니라 스트레스 제조기가 된다.

평생 골프를 즐기기 위해서는 내 건강과 행복을 골프의 최우선 순위에 두려는 의식적인 노력이 필요하다. 골프 때문에 몸이 상하고 짜증 나고 화가 치밀고 마음이 불안한 상태가 계속된다면, 그런 골프를 평생 할 수는 없는 노릇이다.

언젠가 미국 애리조나주 세도나에서 아침 일찍 공을 칠 때였다. 세도나는 사막지대라 골프장 잔디에 물을 많이 주는데 땅이 질어서 공을 치기가 힘들 때가 있다. 그날은 유난히 땅이 질척하게 느껴졌다. 파5인 첫 홀의 티 샷이 잘 맞아 공이 페어웨이 중앙으로 떨어진 것까지는 좋았는데 그린에 올리기까지 아이언 샷을 네 번이나 쳤다. 아이언 헤드가 축축한 땅으로 들어가 뒤땅을 낸 데다 맞바람이 불어서 공이 원하는 방향으로 나가지 않았다. 짜증이 나면서 가슴이 답답하고 호흡이 불규칙해지는 것이 느껴졌다.

이 상태로는 좋은 경기를 할 수 없을 것이 뻔했다. 숨을 아랫배까지 깊이 들이마시며 호흡을 가다듬었다. 그리고 스스로에게 물었다. 어떤 마음으로 다음 샷을 하겠느냐고. 모든 공은 나한테 소중하다. 그러니 한 샷 한 샷에 감사하고 정성을 들이되 결과에 상관없이 좋은 기분을 유지해보기로 했다. 공이 잘 맞든 안 맞든 무조건 즐겁게 치자고 마음먹었다. 그렇게 생각하니 경기 내내 안정적이고 편안한 호흡을 유지할 수 있었다. 스윙도 부드러워지고 여유가 느껴졌다. 그날 1언더파를 쳤다. 당시 내 평소 실력은 10~12오버파였다.

라운드를 시작하기 전에 스트레칭으로 몸 풀기, 호흡 고르기 등 나름의 루틴이 있을 것이다. 내 경험으로는 '프리 라운드 루틴'에서 가장 중요한 것은 어떤 마음으로 골프를 할지 마음 자세를 가다듬는 것이다. 물론 즐거운 마음을 갖는다고 해서 타수가 항상 좋게 나오는 것은 아니다. 어떤 때는 전 홀을 보기로 끝낼 때도 있고 더블보기를 범하기도 한다. 하지만 어떠한 상황에서도 즐거운 기분을 유지하겠다고 마음먹으면 스코어에 상관없이 경기 내용이 확실히 좋아진다.

티잉 그라운드에 서기 전에 오늘 어떤 골프를 하겠다는 마음을 미리 먹고 경기 중에도 스스로에게 자주 환기시키는 것이 중요하다. 즐겁고 행복하게 골프를 하겠다고 마음먹으면 실수를 해도 가볍게 넘길 수 있다. '나는 오늘 꼭 이기겠다, 반드시 좋은 스코어를 내겠다'는 마음으로 하면 힘들다.

자기 마음에 쏙 드는 플레이를 한다는 것은 누구에게나 쉽지 않다. 원하는 대로 되지 않는다고 해서 그때마다 속상해 하고 짜증을 내면 자신에게도 동반자에게도 이롭지 않다. 공이 잘 안 맞을 때라도 골프가 나를 끝까지 노력하게 만든다는 것에 감사하며 좋은 기분을 '창조'할 필요가 있다. 감정은 환경의 영향으로 일어나기도 하지만 스스로 만들 수도 있다. 기분이 좋아서도 웃지만 안 좋은 일이 있을 때라도 웃으면 기분이 좋아진다.

LPGA 최초이자 유일무이한 18홀 59타 기록과 시즌 평균 타수 68타대를 기록한 골프 여제 안니카 소렌스탐Annika Sorenstam(통산 최다 72승)은 우리나라 골프 채널과 진행한 인터뷰에서 다음과 같이 말했다. "은퇴 후 거리가 좀 줄었어요. 연습을 안 하니까요. 연습을 많이 하지 않는 분들은 연습을 많이 한 사람과 비교해 못 치는 게 당연해요. 자신에 대한 기대치를 낮추고 즐겁게 플레이하세요. 저도 그렇게 하고 있으니까 여러분도 저처럼 즐겁게 하세요."

즐긴다는 것은 실수도 오케이를 할 수 있는 것이다. 어떤 공이 나오든 '아, 이것이 지금 내 모습이구나!'라고 인정하며 치는 것이다. 프로선수에게는 골프가 일이지만 우리 아마추어에게는 놀이라는 것을 기억하자. 골프랑 잘 놀려면 골프공의 반응을 존중하고 친절하게 대해야 한다. 내가 골프에 성질을 내면 골프도 내게 성질을 낸다. 삐진 친구한테 삐졌다고 화 내면 더 삐진다. 친구가 나한테 섭섭한 게 있다는 것을 인정해주어야 마음이 풀린다. 미스 샷은 골프가 나한테 섭섭해서 토라진 것이라 생각하고 내가 뭘 섭섭하게 했는지 돌아보고 개선하려고 노력하면 골프가 내게 더 많은 기쁨을 준다.

오래전 한국에서 한 젊은 프로골퍼에게 뇌교육을 지도한 적이 있다. 당시 경기에 출전하지 못할 정도로 심한 슬럼프에 빠져 있던 그는 고등학교 시절 코치의 소개로 나를 만나러 왔다. 그에게 골프는 어떤 의미냐고 물었더니 "골프는 내 모든 것"이라고 대답했다. 그래서 다음과 같이 조언했다. "골프가 당신의 전부라면 당신은 골프의 노예가 될 수밖에 없다. 골프가 당신을 행복하게 하는 삶의 수단이 되어야지 골프 자체가 인생의 목표가 되면 스트레스 지옥에서 살게 될 것이다. 골프 게임이 잘 안 풀리는 순간, 당신 자신도 무너진다. 공을 잘 치든 못 치든 당당하고 자유롭게 존재하는 자신을 느껴야 당신의 골프도 지킬 수 있다."

평생 골프를 즐기고 싶다면 가치의 우선순위를 골프 자체에 두지 말고 골프를 통해 얻는 건강, 행복, 내적 만족에 두어야 한다. 골프를 시작한 이유가 더 건강하고 행복하기 위함이지 골프 자체를 위해서는 아니지 않은가. 골프 여제 박세리 선수도 긴 슬럼프에서 벗어나면서 "골프가 인생의 전부가 되면 안 된다는 것을 깨달았다"라고 고백한 적이 있다.

즐겁고 행복한 골프를 하겠다고 마음먹으면 골프 실력이 원하는 만큼 늘지 않아서 조바심이 날 때도, 비거리가 한창 때만큼 나오지 않아서 실망스러울 때도 자신을 향해 허허 웃으며 격려해줄 수 있다. 잘 되면 잘 되는 대로, 안 되면 안 되는 대로 골프를 즐길 수 있다. 꼭 18홀을 다 돌 필요도 없다. 9홀로 끝낼 수도 있다. 필드에 나가는 것이 여의치 않으면 연습만 하거나 스크린 골프만 할 수도 있다. 자신의 환경과 상황에 맞게 즐기면 그것으로 좋은 것이다.

뇌교육 초보자들에게 가장 많이 해주는 말이 있다. "내 몸은 내가 아니라 내 것이다. 내 마음은 내가 아니라 내 것이다." 몸과 마음에 끌려다니는 것이 아니라 내가 주체로서 내 몸과 마음을 사용해야 한다는 뜻이다.

골프에 대해서도 똑같이 적용해볼 수 있다. '내 골프는 내가 아니라 내 것이다.' 골프가 곧 나라고 생각하는 순간, OB를 내거나 뒤땅을 친 내가 못나 보이고 싫어진다. 한 샷 한 샷에 일희일비一喜一悲하며 골프에 끌려다니게 된다. 내 골프는 내가 아니라 '내 것'이라고 생각하면 골프에서 한 발짝 떨어져서 여유를 가질 수 있고, 삶의 질을 높이는 데 골프를 활용할 수 있다.

골프 자체가 우리에게 행복이나 불행을 주는 것이 아니다. 골프를 어떻게 다루고 대하느냐에 따라서 골프가 우리에게 행복이 되기도 하고 불행이 되기도 한다. 겸손하고 감사한 마음으로, 무엇보다 즐거운 마음으로 하는 것이 오래도록 골프와 잘 놀 수 있는 비결이 아닌가 생각한다.

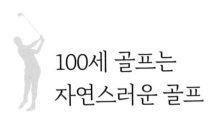

100세 골프는
자연스러운 골프

우리는 각자 다른 조건에서 골프를 한다. 나이, 몸 상태, 심리 상태, 상황에 적응하는 방식, 살아온 환경 등 모든 것이 다르다. 스윙은 지문과 같아서 골퍼들마다 다 다르다고 한다. 그러니 누군가를 흉내 내려하지 말고 자기만의 자연스러운 골프를 해야 한다.

독특한 스윙으로 유명한 박인비 선수가 언젠가 한 인터뷰에서 이렇게 말했다. "나는 복잡한 스윙 메커니즘에 얽매이지 않고 가볍게 백스윙을 한다. 스윙 리듬이 빠르다고 좋은 것이 아니다. 자신만의 리듬을 갖고 자연스럽게 스윙하는 것이 중요하다."

그는 세계적으로 내로라하는 유명 코치들에게 스윙에 대해 많이 배웠지만 지나치게 기계적인 스윙에 얽매이다 보니 자연스러운 리듬과 균형이 사라지는 것 같았다고 말했다. 그래서 스스로 자신의 몸을 탐구하며 다른 선수들에 비해 유연성이 떨어지고 손목이 약한 자신에게 맞는 스윙법을 개발했다고 한다.

자기만의 골프를 한다고 해서 클럽을 아무렇게나 휘둘러도 된다는 말은 아닐 것이다. 좋은 스윙의 기본을 충실히 익히되 최고 선수들의 스윙 폼을 따라 하려 애쓰기보다는 자신의 몸을 관찰하고 연구하며 자신에게 맞는 자연스러운 스윙을 찾으라는 뜻이다. 골프 스윙의 기술은 헤아릴 수 없이 많다. 중요한 것은 아무리 좋은 기술이라도 나한테 맞고 내가 할 수 있는 것이라야 한다.

함께 라운딩을 한 이들 중에 인상 깊었던 두 사람이 있다. 한 사람은 앞서 소개한 102세 골퍼 이종진 옹이고, 다른 한 사람은 연예인 김국진 씨다. 뉴질랜드에서 팬데믹으로 활동이 제한되었을 때 우연히 유튜브에서 김국진 씨의 골프 채널을 보았다. 그의 스윙에 매료되어 함께 라운딩을 해보고 싶다고 생각했는데, 작년에 강연차 잠시 귀국했을 때 서로 시간이 맞아 골프 약속을 잡을 수 있었다.

김국진 씨는 코치들이 흔히 가르치는 일반적인 폼들과는 전혀 다른 독특한 스윙을 한다. 힘을 안 들이고 설렁설렁 치는 것 같은데 샷이 정확하고 공이 멀리 날아갔다. 18홀을 도는 내내 한결같이 변하지 않고 흔들림 없는 스윙을 하는 그에게서 단단한 내공이 느껴졌다. 그는 공을 참 편하고 자연스럽게 쳤다. 부담이 안 느껴지는 자연스러운 스윙을 했다. 저 정도의 자연스러움이 몸에 배기까지 얼마나 많은 연습을 했을까 싶었다. 아마도 자신이 가진 체격 조건에 맞는 효과적인 스윙을 위해 수도 없이 많은 연구와 시행착오를 거듭했을 것이다. 겸손과 배려가 몸에 밴 김국진 씨와의 유쾌한 라운딩에서 자연스러운 골프를 즐기는 좋은 모델을 만날 수 있었다.

김국진 씨의 스윙은 그에게 맞는 자연스러운 스윙이다. 그의 스윙 폼을 그대로 따라 한다고 해서 내 스윙에서도 똑같은 자연스러움이 느껴지지는 않을 것이다. 내게는 나만의 자연스러운 리듬이 있다. 자기에게 맞는 가장 자연스러운 스윙을 찾아가는 것이 골퍼들의 공부라 생각한다.

자연스럽다는 것은 자기 힘만큼, 자기 역량만큼 치는 것이다. 그 이상을 하려고 욕심 내면 자연스럽지 않은 골프를 하게 된다. 공을 300미터 이상 날리는 프로들의 스윙을 보면 아주 파워풀한데도 그리 힘을 들이는 것 같지도 않고 간결하다. 하지만 그 스윙을 위해 수백만 번이 넘게 연습했을 것이다. 숙련된 서예가가 그냥 쓱 긋는 한 획, 노련한 무예가의 가벼운 발놀림 뒤에는 수천, 수만 시간의 땀방울이 녹아들어 있다.

본인의 몸 상태와 실력을 고려하지 않고 회전력이 좋고 스윙 궤도가 큰 프로들의 멋진 풀스윙을 따라 하려다가는 몸만 망가진다. 근력과 유연성이 받쳐주지 않으면 난이도가 높은 기술을 구사하기 힘들다.

평소에 턱걸이를 세 개 하는 사람이 있다고 하자. 그는 턱걸이를 세 개까지는 자연스럽게 할 수 있다. 마음을 먹고 힘을 내면 네댓 개까지는 그런 대로 할 수 있다. 하지만 여섯 개부터는 몸을 비틀고 오만상을 찌푸리며 다른 사람들이 보기에도 민망한 자세를 취하게 될 것이다. 골프도 마찬가지다. 그동안 자신이 닦은 역량 이상으로 욕심을 내면 스윙 궤도가 망가져 공이 엉뚱한 곳으로 날아간다.

20대의 몸이 갖는 자연스러움이 있고, 70대의 몸이 갖는 자연스러움이 있다. 나이 60을 넘어서도 꾸준한 운동으로 근육의 힘은 유지할 수 있지만 민첩성은 떨어진다. 자극에 대해 재빠르게 반응하거나 몸의 위치나 방향을 빠르게 바꾸는 것이 예전만큼 쉽지 않게 느껴진다. 자연스러운 골프를 하려면 달라진 몸 상태를 존중하고 그에 맞추어야 한다.

60대의 몸으로 30대 때처럼 골프를 하겠다는 욕심은 내려놓자. 물론 어쩌다 한두 번은 칠 수 있다. 하지만 항상 그렇게 칠 수는 없다. 시니어 골퍼가 달라진 자신의 체력과 유연성을 고려하지 않고 한창 젊었을 때 하던 골프를 계속하려 들거나 비거리에 욕심을 내면 몸이 상한다. 마음은 더 상해서 골프를 포기하고 싶은 생각까지 들 수 있다. 심지어 나이든 자신이 싫어지며 골프뿐만 아니라 일상생활에서도 의욕을 잃고 좌절감을 느끼게 된다.

골프는 살아 있는 것처럼 언제 어디에서 골프를 하든 자신의 몸 상태를 정확하게 드러내준다. 골프가 알려주는 자신의 상태를 있는 그대로 받아들이고 자신에게 맞는 골프를 하자. 항상 현재 상태에 만족하고 그 이상을 바라지 말라는 뜻이 아니다. 원하는 목표를 세우고 그 목표를 향해 집념을 가지고 도전하되, 꾸준한 연습을 통해 닦은 자신의 역량 이상으로 공을 칠 수는 없다는 것을 강조하는 것이다.

꾸미지 않은 자연은 어떤 순간에도 나름의 아름다움을 뿜어내듯 자연을 닮은 골프를 하고 싶다. 떠오르는 태양도 멋지지만 지는 석양도 아름답다. 화창한 봄날의 만개한 꽃도 가슴을 설레게 하지만 앙상한 가지를 드러낸 겨울나무도 마음을 울린다. 참나무는 소나무가 되려고 노력하지 않는다. 다만 아름다운 참나무로 자라기 위해서 노력한다.

숲에 사는 꽃과 나무와 새들이 각기 다른 색깔과 소리와 느낌을 갖고 있듯이 모든 사람에게는 고유한 리듬과 파장이 있다. 자기만의 색깔, 느낌, 영감을 자유롭게 표현할 수 있을 때 우리는 기쁨을 느낀다. 골프 스윙을 통해서도 우리 안의 고유함이 표현된다. 나한테 딱 맞는 스윙을 할 때 나와 스윙 사이에 일체감이 느껴지며 어색함 없는 자연스러운 스윙이 나온다. 나의 자연스러움이 표현되기 때문에 프로와 같은 스윙 폼이 아니더라도 나름의 균형과 조화가 있다. 그래서 보는 사람도 아름다움을 느낀다.

자연처럼 골프를 한다면 어떤 나이, 어떤 컨디션, 어떤 코스에서 누구와 함께하더라도 매순간 나에게 맞는 방식으로 내 골프를 할 수 있다. 나이와 함께 신체적인 능력은 떨어지더라도 그동안 쌓은 경험과 한층 완숙해진 정신으로 자연스러운 나만의 골프를 완성해갈 수 있다.

아기가 처음 걸음마를 배울 때는 비틀비틀 얼마나 불안한가. 하지만 자라면서 점차 자기 스타일의 자연스러운 걸음걸이를 갖게 된다. 우리는 멀리서 걸어오는 친구의 걸음걸이만 봐도 단번에 누군지 알아본다. 골프 스윙도 걸음걸이처럼 자기만의 스타일과 리듬이 있다. 골격과 근력, 유연성 등 현재 자기 몸 상태에서 가장 잘 할 수 있는 골프가 자연스러운 골프다. 자연스러움은 누가 가르쳐줄 수 있는 것이 아니다. 자기가 찾고 느끼고 만들어야 한다. 다른 사람과 공유할 수 없는 자신만의 고유한 리듬이기 때문이다.

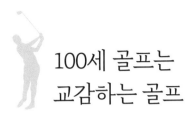

100세 골프는
교감하는 골프

나이가 들어도 끊임없이 성장하는 골프를 하고 싶다. 성장하는 골프란 어떤 것일까? 골프 타수가 낮아지는 것이 성장하는 골프일까? 스코어가 골프의 전부라고 생각한다면 평생 성장하는 골프를 하는 것은 불가능하다. 60대가 30대를 이길 수 있는 유일한 스포츠가 골프라고 할 만큼 골프는 노년에도 기량을 향상시킬 수 있는 게임이기는 하다. 내 경우도 지금의 골프 실력이 40대보다 훨씬 낫다. 하지만 언젠가는 드라이버 샷의 비거리도 줄어들고 그린에 공을 올리기까지 네댓 번의 샷을 하는 일이 생길 것이다.

스코어와 승부에만 집착하는 경쟁 골프를 한다면 타수가 늘어날수록 골프에 대한 열정이 식어갈 것이다. 골프를 하면 할수록 내리막길로 치닫는 것처럼 느껴지고 재미를 잃어간다면 골프를 평생 하고 싶은 마음을 내기는 어려울 것이다.

평생 성장하는 골프의 핵심은 바로 교감에 있다고 생각한다. 골프를 하면서 자기 자신, 골프 파트너, 골프 코스의 자연과 교감함으로써 꾸준히 성장하는 골프를 할 수 있다. 타수가 아니라 교감에 초점을 맞추면 골프가 더 즐거워진다.

골프에서 가장 중요한 교감의 상대는 자기 자신이다. 자기 자신과 교감하는 데 골프보다 더 좋은 스포츠가 있을까. 골프는 정직한 게임이다. 물론 모든 스포츠가 정직한 스포츠맨십을 요구하지만 골프에는 아예 심판이 없다. 골퍼 자신이 심판이다.

한 샷 한 샷을 할 때마다 골퍼의 몸과 마음 상태가 있는 그대로 즉각 드러난다. 골프의 적나라한 정직함을 통해 자기 자신을 바라볼 수 있다. 셋업, 스윙, 어프로치, 퍼팅 자세나 몸의 습관뿐만이 아니다. 골프는 마음을 들여다보게 한다. 조바심을 내거나 서두르는 것도 보이고, 이기고 싶은 욕심 때문에 상대방에 대한 배려를 잃는 것도 보인다. 단 1밀리의 실수도 봐주지 않는 골프의 무정함은 스트레스를 주지만 어떤 이해관계나 감정도 개입되지 않는 그 무정함이 우리의 모습을 거울처럼 비춰준다.

가끔은 골프공이 하느님처럼 느껴질 때가 있다. 하느님은 무정하다. 비정非情한 것이 아니라 무정無情하다. 나무는 겨울이 되기 전에 아무런 미련 없이 잎을 홀홀 다 떨구어야 이듬해에 새 잎을 틔울 수 있다. 자연이 잔정에 매이면 생명의 순환에 장애가 생긴다. 그래서 자연의 무정함은 큰 사랑이고 축복이다. 골프의 무정함은 겸손을 가르치고, 스스로를 끊임없이 돌아보게 하며, 더 노력하게 한다.

골프는 축구나 농구처럼 상대방의 플레이가 내 플레이에 직접적인 영향을 주지 않는다. 공격이나 수비라는 개념 자체가 없다. 누가 내 공을 일부러 벙커나 워터해저드에 빠뜨리지도 않는다. 나는 내 공으로 내 경기를 한다. 경기 상대가 있다고 해도 본질적으로 홀로 하는 운동이다. 하지만 상대방의 플레이가 내 경기에 미치는 심리적인 영향은 만만치가 않다. 그래서 더 속속들이 자기 자신과 대면하게 한다. 티 샷에서 동반자가 장타를 냈을 때 자기도 모르게 상대방보다 멀리 치려다가 평소의 스윙 리듬을 놓치고 휘청댄 경험이 한 번쯤은 있을 것이다.

골프는 지극히 자기 성찰적인 게임이다. 하지만 골프의 속성이 그렇다고 해서 골프를 통해 누구나 자기 자신을 더 잘 알게 되는 것은 아니다. 보려고 해야 보이고, 알려고 해야 잘 알게 된다. 골프를 통해 자기 자신과 교류하며 자신의 몸과 마음을 공부하고 훈련시키겠다는 태도를 취하면 골프는 훌륭한 멘토가 되어준다. 자신의 감정 반응 양식, 상대방에 대한 태도, 위기에 대처하는 방식 등 자신의 마음 습관을 더 잘 관찰할 수 있게 된다. 자기를 더 잘 알게 되면 자기 조절력도 커진다. 골프에서는 자기 조절력이 곧 실력이다.

골프를 통해서 자기 자신과 교류하고 수양한다고 생각하면 80살에 골프를 하든 90살에 골프를 하든 골프는 언제나 우리에게 성장하는 기쁨을 준다. 몸의 조건은 나이와 함께 달라지지만 달라진 신체 환경에 맞게 늘 우리에게 새로운 공부거리와 깨달음을 가져다준다. 중년의 나는 비거리를 늘리기 위해 연습했다면, 지금의 나는 70대의 내 몸으로 가장 자연스럽게 할 수 있는 골프를 찾고 있다. 100살의 나는 힘을 덜 들이고 최대한 심플한 스윙을 하기 위해 노력하고 있을 것 같다.

골프가 주는 즐거움 중의 하나는 함께한다는 데 있다. 처음에는 가까운 친구나 지인들과 시작하지만 나중에는 처음 보는 사람들과 라운딩 할 기회도 많아진다. 네댓 시간 골프를 함께 하는 동안 각자의 성격이나 인격의 민낯이 그대로 드러나기 마련이다. 감탄이 나올 정도로 매너와 에티켓이 몸에 밴 사람이 있는가 하면, 보기와 달리 자기중심적이고 옹졸하기까지 하여 실망을 주는 사람도 있다.

좋은 샷뿐만 아니라 나쁜 샷도 우리를 가르치고 성장시키듯, 골프 코스에서 만나는 모든 사람이 스승이 될 수 있다. 다른 사람을 배려하고 매사에 긍정적이어서 함께 하면 기분이 좋은 사람, 미스 샷이 날 때마다 심통을 부려서 옆 사람 심장까지 벌렁대게 하는 사람, 뻔히 보이는 속임수를 부려 다시는 같이 하고 싶지 않게 만드는 사람 모두가 나를 비추어주는 거울이다. 다 내 모습일 수 있기 때문이다.

크리스마스를 대표하는 노래인 '화이트 크리스마스'를 부른 가수이자 열정적인 골퍼였던 빙 크로스비Bing Crosby는 이런 말을 남겼다. "신사들이 골프를 한다. 시작했을 때 신사가 아닐지라도 이 엄격한 게임을 하게 되면 신사가 되고 만다." 골프 코스에서 신사가 되려면 자신에게는 엄격해야 하고 남들에게는 관대해야 한다. 이것을 반대로 하면 아무리 골프를 오래 하고 스코어가 좋아도 신사는커녕 아집으로 똘똘 뭉친 꼰대가 되고 만다.

가족과 함께 골프를 하러 갔을 때 아내가 나를 놀리며 한 말이 있다. "평상시에는 성격이 그렇게 급한 양반이 골프장에만 오면 공자님이 되네요." 골프는 우리 안에 있는 좋은 성품도 끌어내고 달갑지 않은 성품도 끌어내서 증폭시킨다. 평생토록 골프를 하겠다 마음먹었는데 이왕이면 골프가 나를 좀 더 나은 사람으로 만들었다는 말을 나자신에게도, 남들에게도 듣고 싶다.

학창 시절에 인간이 늘 지녀야 할 5가지 기본 덕목으로 오상五常, 인의예지신仁義禮智信에 대해서 배웠다. 인仁은 상대방의 아픔에 공감하는 자애로운 마음이고, 의義는 불의를 부끄러워하고 옳은 것을 지키려는 마음이고, 예禮는 다른 사람을 존중하고 배려하는 겸손한 마음이고, 지智는 옳고 그름을 가릴 줄 아는 마음이고, 신信은 말한 것을 행함으로써 믿음을 주는 마음이다.

골프는 서로 다른 배경, 성격, 경험을 가진 사람들과 교류하며 오상을 기르기에 더없이 좋은 스포츠다. 골프는 자기 자신과 씨름하는 과정에서 성장하는 것만큼이나 필드에서 만나는 사람들과도 서로 영향을 주고받으며 많이 배우고 성장한다.

경쟁하지 않는 골프가 가능할까? 이겨야겠다는 생각 없이 골프를 한다는 것은 여간 어려운 일이 아니다. 하지만 어려운 만큼 도전해볼 가치가 있다고 생각한다. 프로선수들은 우리가 상상할 수 없을 정도의 강도 높은 긴장감 속에서 피 말리는 경쟁을 한다. 그것은 그들이 선택한 삶이다. 하지만 아마추어인 우리는 그럴 필요가 없다. 나는 내 골프를 하고 동반자는 그의 골프를 하면서 서로를 응원하면 좋지 않은가.

나는 경쟁의 골프보다는 완성의 골프를 하고 싶다. 승부를 가리는 데 집중하는 대신 각자 자신의 골프를 완성하기 위해 끊임없이 노력하고 도전하는 그런 골프를 꿈꾼다. 경쟁에는 이기는 사람과 지는 사람이 있지만, 완성에는 참여한 모든 사람의 만족과 기쁨이 있다. 우리가 사랑하는 불멸의 골프 영웅들을 다 불러 모아도 자신의 골프가 완성에 이르렀다고 말할 사람은 없을 것이다. 자신의 골프 경험과 수준에서 조금 더 나아지기 위해 끊임없이 배우고 연구하며 노력할 뿐이다.

나는 내기 골프를 좋아하지 않는다. 내기를 하면 이기려는 마음이 평정을 방해하고 상대방의 경기를 진심으로 응원하기 어렵기 때문이다. 가끔 친한 친구들과 밥 한 끼 사는 정도의 내기라면 모를까 자기 수양을 위한 골프를 하고자 한다면 사행심을 조장하는 내기는 멀리할수록 좋다. 더욱이 이기기 위해서 자기 자신과 상대방을 속이고 때로 방해 전략까지 쓰는 세속적인 문화를 골프장까지 가져올 이유가 없다.

혈기왕성한 청장년 골퍼들은 승패가 없는 골프나 스포츠를 상상하기 어려울지도 모른다. 하지만 인생의 후반기에 들어선 시니어 골퍼라면, 그동안 꽉 쥐었던 주먹을 펴고 이기려는 마음조차 내려놓는 그런 골프를 꿈꾸어도 좋을 것이다. 60세 이후에도 계속 골프를 하겠다고 마음먹는다면 그때의 골프는 자기 자신과의 관계이지 다른 사람들과의 경쟁 관계가 아니다.

승부도 가리지 않고 내기도 하지 않으면 골프가 무슨 재미냐고 말하고 싶은 사람도 있을 것이다. 골프에서 다른 사람을 이기는 재미 말고 다른 재미를 찾을 수 있다. 지난 라운드의 나를 이기며 내 골프를 발전시키고 개선해나가는 재미, 동반자의 좋은 샷과 매너에서 받은 영감, 인생에 관해 진솔한 대화를 나누며 함께 성장해가는 기쁨, 철따라 변화하는 무상함 속에서도 의연한 생명의 힘과 아름다움을 보여주는 자연에서 배우는 기쁨도 있다.

PGA투어 39승을 달성하고 70세에 열 번째 에이지 슈팅을 했던 필드의 신사 톰 왓슨Tom Watson은 "재미를 느끼는 한 골프는 성장할 것이다"라는 멋진 말을 했다. 자기 자신과 동반자, 자연과 교감하는 데서 재미와 보람을 찾고 골프를 자기 수양으로 여기는 사람은 100세에 이르러서도 성장하는 골프를 하게 될 것이다.

2부

100세 골프를 위한
일곱 가지 예술

즐거운 골프, 자연스러운 골프, 교감하는 골프를 위해 누구나 쉽게 익히고 배울 수 있는 일곱 가지 예술을 제안한다. 에너지, 피트니스, 호흡, 명상, 힐링, 기공, 의식이다. 굳이 예술이라고 표현한 까닭은 이 일곱 가지가 실용적인 기술이기도 하지만 골프에 새로운 아름다움과 의미를 더해줄 수 있다고 믿기 때문이다. 뇌교육의 원리와 프로그램에 기반하여 정리한 것이라 '일지 브레인 골프'라는 이름을 붙여보았다.

　일지 브레인 골프가 하나의 집이라면 에너지와 의식은 이 집의 주춧돌이다. 에너지와 의식은 골프를 포함해 뇌를 통해 경험하는 모든 활동의 질을 높일 수 있는 핵심이다. 피트니스, 호흡, 명상, 힐링, 기공은 일지 브레인 골프의 다섯 가지 기둥이라 할 수 있다. 일곱 가지 예술은 골프의 특성이면서 동시에 골프 경험을 향상시킬 수 있는 중요한 핵심을 제공한다.

예를 들면, 골프는 이미 피트니스적 요소가 있지만 더 좋은 골프를 위해서는 꾸준히 근력을 단련하고 유연성을 기르는 피트니스 루틴이 필요하다. 또 아름다운 골프 코스에서 따스한 햇살과 시원한 바람을 느끼며 한 샷 한 샷에 집중하는 것은 그 자체로 훌륭한 명상이다. 한편 지속적으로 명상을 수행하여 몸과 마음에 대한 자각 능력과 조절 능력을 기르면 더 강한 골프 멘탈을 얻을 수 있다.

우리 능력 중에 뇌와 관련되지 않은 것은 없다. 생각이나 분석, 판단, 집중만 뇌로 하는 것이 아니다. 육체적인 활동도 결국 뇌가 조정하기 때문에 몸으로 하는 모든 것은 다 뇌로 하는 것이다. 골프를 잘하기 위해서는 체력과 기술과 심리가 고루 뒷받침되어야 한다. 골프 멘탈이라고 하면 흔히 집중력, 평정심, 자신감 등 심리적인 것들을 떠올리지만 체력과 골프 기술 또한 결국은 뇌로 하는 것이며 멘탈의 연장이라고 할 수 있다.

우리 중 많은 사람들이 골프를 위한 신체적 기술과 심리적 기술을 개발하기 위해 노력하지만 퍼즐의 또 다른 조각이 있다. 몸과 마음, 육체적인 것과 심리적인 것을 연결하고, 유형의 기술과 무형의 기술을 연결하고 서로 지원하는 매개체. 그것이 바로 일지 브레인 골프의 주춧돌인 에너지와 의식이다.

나는 지난 40여 년 동안 뇌교육을 통해 인간의 뇌가 가진 잠재력을 개발하고 활용하는 방법을 널리 알려왔다. 그동안 가장 자주 접한 뇌에 대한 사람들의 고정관념 중의 하나는 뇌력腦力을 지적인 능력과 동일시하는 것이다. 하지만 지적인 능력은 뇌가 가진 무한한 능력의 일부일 뿐이다. 나는 지적인 능력보다 더 중요한 뇌의 두 가지 능력이 조화의 감각과 창조성이라고 생각한다. 조화의 감각과 창조성은 마치 음양처럼 작용하여 끊임없이 우리를 위협하는 외부적인 힘과 상황에도 불구하고 우리가 내면의 균형 상태로 돌아갈 수 있도록 한다. 동시에 도전과 기회의 순간에 맞닥뜨렸을 때 새로운 해결책을 찾을 수 있는 능력을 제공한다. 조화의 감각과 창조성을 기르는 것이 뇌교육의 핵심이다. 골프 실력을 향상시키고, 즐겁고 자연스러우며 교감하는 골프를 원한다면 이러한 뇌의 능력을 개발해야 한다.

첫 번째 조화의 감각은 균형 감각, 평형 감각이라고도 할 수 있다. 단지 몸의 물리적인 균형뿐만 아니라 정서적, 정신적, 영적인 균형과 평형을 포함하는 감각이다. 우리 뇌는 몸과 마음의 균형이 깨졌을 때, 이를 알아차리고 원래의 균형 상태를 회복하려는 경향과 힘을 가지고 있다. 이 힘 때문에 애써 신경 쓰지 않아도 맥박, 혈압, 체온 등이 일정하게 유지되고, 다치거나 아파도 몸이 스스로 건강을 회복하는 자연치유력을 발휘한다. 균형 감각 때문에 우리 삶이 끊임없는 변화 속에서도 지속성과 안정성, 질서를 유지할 수 있다.

조화의 감각은 인위적으로 만든 것이 아니다. 자연의 일부로서 모든 사람의 뇌에 있는 본래의 능력이다. 조화의 감각이 회복될 때, 외적인 환경이 힘들 때도 내적인 평화와 안정감을 찾을 수 있다. 이 감각은 외부의 조건에 영향을 받아서 있다가 없다가 하는 상대적인 것이 아니다. 어떤 상황에서도 사라지지 않고 파괴될 수 없는 내면의 절대적인 감각이다. 조화의 감각이 깨어나고 유지될 때 좋은 골프에 반드시 필요한 몸의 균형, 마음의 평정, 자연스러운 스윙을 얻을 수 있다. 조화와 균형의 감각은 골프 코스에서 동반자들과의 관계나 예측할 수 없는 여러 상황들에 어떻게 반응하는지에 결정적인 영향을 미친다. 골프의 신사도가 중요하게 여기는 양심과 다른 사람에 대한 존중과 배려, 골프 코스의 자연을 보호하는 것도 조화의 감각이 깨어나면 내면에서 자연스럽게 우러난다.

두 번째로 중요한 뇌의 능력은 창조성이다. 타이거 우즈는 골프에서 가장 강력한 무기는 창조적인 정신이라고 했다. 골프에서는 매번 같은 코스에서 플레이를 하더라도 늘 다른 상황이 펼쳐진다. 어떤 날은 등 뒤에 바람이 거의 느껴지지 않고, 거칠고 가파른 코스가 부드럽고 매끄럽게 보인다. 다음 주에 똑같은 코스에서 스윙을 하더라도 시속 30킬로의 맞바람을 맞으며 티 샷을 날릴 수도 있고, 페어웨이 곳곳에 물웅덩이가 생길 수도 있으며, 러프가 가차 없이 공을 집어삼킬 수도 있다. 스윙을 할 때마다 공이 땅에 떨어지는 위치는 매번 달라진다. 홀까지의 거리뿐만 아니라 지형과 바람 등을 고려하며 매순간 최선의 선택을 해야 한다.

뇌는 그동안 우리가 축적한 지식이나 경험 정보보다 더 큰 직관과 통찰, 지혜를 가지고 있다. 스스로 한계를 설정하는 대신 자신의 뇌를 믿고 도전하는 사람들에게 그러한 직관과 통찰이 개발된다. 지식이나 경험에만 의존하려 들면 학습 중독자가 된다. 배우지 않으면 못 한다고 생각하고, 배운 대로 하지 않으면 불안해 하고, 심지어 죄의식까지 느끼는 사람들이 있다. 골프 실력을 향상시키기 위해서 전문가에게 배우는 것도 필요하다. 하지만 그보다 더 중요한 것은 배우는 데서 그치지 않고 자신의 몸과 마음을 스스로 탐구하며 끊임없이 자신의 스윙을 찾아서 다듬으려고 노력하는 것이다.

뇌의 창조성을 깨어나게 하는 열쇠는 의지와 열정이다. 많은 이들이 창조성에 대해 환상을 갖고 있다. 어느 날 갑자기 번뜩이는 아이디어가 떠오르는 것을 창조성이라고 생각한다. 하지만 창조적인 사람의 사전에는 '어느 날 갑자기'라는 단어가 없다. '아하!' 하는 영감의 순간은 그동안의 지식과 경험이 뇌의 직관, 통찰과 하나로 연결되는 순간, 뇌가 통합되는 순간이라고 해야 맞을 것이다. 뇌에 불이 번쩍 들어오는 순간이 있기까지 끊임없이 계획하고, 도전하고, 시행착오를 겪기 마련이다. 자신이 하고 있는 일에 대한 집중과 몰입, 의지와 열정, 강력한 실행력이 없이는 창조가 일어나지 않는다.

자신이 선택한 골프 목표를 이루려는 의지와 열정이 한 샷 한 샷을 할 때마다 뇌의 자원과 힘을 최대로 끌어내는 연료다. 방법이 전혀 없을 것 같은 힘든 공을 만나도 끝까지 포기하지 않고 어떻게든 가능성을 찾아서 도전하는 자세가 창조적인 골프를 가능하게 한다.

일지 브레인 골프는 골프 테크닉이 아니라 평생 건강하게 골프를 즐길 수 있도록 몸과 마음을 훈련하고 몸과 마음 사이의 연결을 강화하는 방법을 가르친다. 그 중에서도 뇌가 가진 조화와 균형의 감각, 창조성을 개발하는 데 도움이 되는 실질적인 팁과 조언을 책에 담고자 했다. 초보자들에게는 시행착오를 조금이라도 줄여 골프의 즐거움을 만끽하는 데, 노련한 골퍼들에게는 골프 경험의 폭을 넓히고 깊이를 더하는 데 도움이 되기를 바란다. 우리는 골프를 통해 각자의 몸과 마음을 더 깊이 이해할 수 있고 삶의 신비에 한 발짝 더 다가갈 수 있다. 모든 예술에는 나름의 맛과 멋, 리듬이 있다. 내가 건넨 조언과 경험담이 당신의 골프와 인생에 새로운 맛과 멋과 리듬을 만드는 데 도움이 되었으면 좋겠다. 자기만의 맛과 멋과 리듬이 깃들면 골프도 인생도 예술이 된다.

에너지를 알면
골프가 즐겁다

생각하는 골프에서
느끼는 골프로

골프는 생각으로 하는 것이 아니라 느낌으로, 감각으로 한다. 플레이가 잘 될 때는 스윙에 관해서 특별히 생각하지 않아도 '백스윙-다운스윙-임팩트-팔로 스루'이 한 동작처럼 물 흐르듯 부드럽고 자연스럽게 이루어진다. 동작 하나하나에 신경을 쓰면 오히려 스윙에 힘이 들어가서 미스 샷이 나오기 쉽다.

"스윙의 리듬감을 느껴라", "클럽 헤드의 무게를 느껴라", "오늘 샷감이 아주 좋은 것 같다", 심지어 "그분이 오셨다"까지 골퍼라면 이런 말들을 수도 없이 들었을 것이다. 하지만 대부분은 게임을 하면서 자신의 몸을 느끼고 스윙을 느끼는 것이 매우 어려운 일이라고 생각한다.

골프 연습장에서 레슨 프로의 스윙 폼을 따라 하며 몇 시간씩 스윙 연습을 한 뒤에 자신의 스윙을 찍은 비디오를 보고 충격받은 적이 있는가? 클럽을 휘두를 때는 자신의 스윙 폼이 꽤 괜찮은 것처럼 느껴졌는데, 비디오를 확인해보면 민망할 만큼 엉성해 보인다. 골프 스윙처럼 복잡하고 미묘한 움직임은 머리로 알고 있는 것을 몸에 적용하기가 쉽지 않다. 더욱이 자신이 실제로 어떻게 움직이고 있는지를 느끼기는 매우 어렵다.

몸을 느끼는 것은 그렇다 치고, 골프를 하면서 자신의 마음을 느끼는 것은 어떤가? 라운딩 도중 자신의 생각과 감정, 행동을 자각하고 부정적인 생각이나 감정적인 충동이 플레이를 망치기 전에 조절할 수 있는가? 아니면 미스 샷을 하고 나서 격분해서 골프채를 내던지거나 애꿎은 캐디에게 화풀이를 한 후에 후회하는가? 골퍼들 대부분이 마음을 느끼는 것은 몸을 느끼는 것보다 더 어렵다고 생각할 것이다.

자신의 행동, 생각, 감정 등 스스로를 섬세하게 관찰하고 느끼는 자각 능력은 골프뿐만 아니라 인생의 모든 영역에서 퍼포먼스의 질을 향상시키는 핵심 능력이다. 골프를 할 때 자신의 스윙과 몸의 움직임에 대해 충분히 자각하면 자연스럽게 교정 단계로 넘어간다.

예를 들어, 자신이 그립을 너무 꽉 쥐기 때문에 팔과 어깨가 경직되고 클럽 헤드를 느끼지 못한다는 것을 알면 이를 교정하기 위해 노력하게 된다. 자신의 문제점이 무엇인지 자각하지 못하면 그것을 해결하겠다는 생각조차 할 수 없다. 안타깝게도 많은 골퍼들이 자각 능력 부족으로 골프가 개선되지 않고 같은 실수를 끊임없이 반복한다.

초보 시절에 나 또한 그랬다.

지금까지 많은 골프 동영상을 보고 골프 연습장에서 일주일에 두세 번씩 연습하고 비싼 골프 레슨을 받았지만 여전히 골프가 제자리걸음을 하고 있다면, 이 책에서 소개하는 운동법과 명상법을 통해 자각 능력을 기르고 몸과 마음의 연결을 강화하는 데 집중해보자.

몸과 마음이 늘 함께 있는 것 같지만 사실 그렇지 않을 때가 많다. 우리 몸은 지금 여기밖에 달리 있을 곳이 없다. 하지만 마음은 주위의 감각적 자극이나 정보, 생각, 감정을 따라 여기저기 돌아다닌다. 과거나 미래로도 간다. 그런데 마음이 자신의 몸에 집중되어 있지 않으면 골프 스윙을 제대로 느낄 수 없다. 몸과 마음의 연결을 강화하라는 말은 떠도는 마음을 지금 여기에 있는 당신 몸으로 불러와서 몸과 마음을 한자리에 있게 하라는 것이다.

기 감각을 개발하라

골퍼들은 보통 '스윙을 할 때 몸을 어떻게 움직일까' 하는 생각에만 집중한다. 그러다 보니 자기 몸을 잘 느끼지 못한다. 어디에 힘이 들어가는지, 어느 부위에서 흐름이 끊어지는지 느끼기 어렵다. 어떻게 해야 골프할 때 자신의 몸과 마음을 더 잘 느낄 수 있을까? 어떻게 해야 몸과 마음을 더 잘 연결할 수 있을까? 그 답은 '에너지 감각'을 활용하는 것이다. 즉, 기氣를 느끼는 것이다. 기를 느끼는 감각을 터득하고 훈련하면 몸에 집중하는 감각이 개발되고, 이것이 좋은 스윙으로 이어진다.

에너지 감각을 키움으로써 스윙, 어드레스, 퍼팅 시 몸의 자세, 근육의 움직임, 신체 각 부분의 협응 정도를 보다 섬세하게 느낄 수 있다. 또한 에너지를 조절함으로써 플레이 하는 동안 마음을 편안하게 하고 자신이 원하는 목표에 집중할 수 있다. 마음이 초조하거나 불안할 때 에너지의 느낌을 2~3분 정도만 유지해도 마음이 가라앉고 뇌파가 안정되며 호흡이 편안해진다.

골프 실력 향상의 90퍼센트는 새로운 기술 습득보다는 몸과 마음의 연결을 강화하는 데서 온다. 기술이 아니라 몸과 마음이 골프 실력 향상의 열쇠다. 물론 일관되고 안정된 골프 스윙을 위해서는 무엇보다 연습에 시간을 충분히 투자해야 한다. 연습의 중요성은 아무리 강조해도 지나치지 않는다. 골프에서 감을 결정하는 가장 중요한 요소는 연습량이다. 처음에는 "그냥 느껴보라"는 말이 막연하게 들리지만 연습량이 늘수록 스윙의 기억이 근육에 저장되면서 감이 생긴다. 여기에 기 감각이 더해져 몸과 마음의 연결이 강화되면 골프의 느낌이 더 섬세하고 풍부해진다.

기 감각을 활용하면 연습의 효율을 높일 수 있다. 연습하는 동안에도 마음이 몸에 가 있지 않아서 자기 몸의 움직임을 인지하지 못한 채 무작정 골프채를 휘두르면 원하는 만큼 실력이 늘지 않는다. 그런 상태에서 무리하게 매일 연습하면 부상당하기 쉽다. 기공이나 태극권을 하듯 몸 안팎을 흐르는 에너지의 흐름을 느끼면서 스윙을 하면 연습에 더 집중할 수 있다. 또한 몸 상태를 고려하지 않고 무리해서 다치는 일도 막을 수 있다.

에너지 감각을 골프에 활용하는 것이 중요한 다른 이유는, 에너지 감각은 몸과 마음을 연결시켜줄 뿐만 아니라 뇌를 더 깊이 느끼고 자신의 뇌와 더 깊이 교류할 수 있도록 해주기 때문이다. 마음은 뇌의 작용이다. 자신의 멘탈을 느끼고 조절한다는 것은 결국 자기 뇌를 훈련한다는 것이다. 뇌에는 근육도 감각신경도 없기 때문에 손이나 발처럼 뇌를 움직이거나 오감을 통해 느낄 수가 없다. 뇌를 느끼고 뇌와 통할 수 있는 가장 직접적인 방법은 에너지의 느낌과 상상이다. 에너지를 통해서 오감이 닿지 못하는 부분까지 의식할 수 있고 느낄 수 있다.

에너지로
골프의 손맛을 키워라

에너지를 느끼기 가장 쉬운 부위가 손이다. 손에는 감각신경이 많이 분포되어 있어서 다른 신체 부위보다 훨씬 민감하기 때문에 에너지를 느끼기 쉽다. 골프에서 손의 감각과 느낌은 아주 중요하다. 훌륭한 선수들은 훌륭한 손을 가지고 있다는 말이 있다. 어떤 골프 코치들은 "골프는 결국 손의 게임이며, 골프의 다른 모든 것은 손에서 시작된다"라고 말한다. 타이거 우즈의 코치였던 부치 하몬Butch Harmon 은 우즈가 동료 선수들과 다른 점은 그가 가진 놀라운 손 감각이라고 말한 적이 있다.

손 감각은 개발할 수 있을까? 물론 할 수 있다. 손으로 에너지를 느끼는 연습을 통해 손의 감각을 키워보자.

편하게 앉거나 선 자세에서 시작한다. 등을 펴고 어깨의 힘을 뺀

다. 혈액순환을 돕기 위해 30초간 박수를 치고 나서 손을 비빈 후 양 손가락 끝을 10초간 서로 부딪힌다. 그런 다음 손목을 10초간 흔들어 주고 다시 손바닥을 비빈다. 이제 준비가 되었다.

양손을 가슴 앞으로 두고 양손 사이를 5~10센티 정도 벌린다. 팔 꿈치를 몸통에서 살짝 떼고 어깨, 팔, 손목, 손에 힘을 빼서 양손이 마 치 허공에 떠 있는 것처럼 둔다. 편안하게 호흡하며 손에 집중한다. 무엇이 느껴지는가? 따뜻함이나 찌릿찌릿한 느낌이 있는가? 압력감 이나 맥박이 느껴지는가? 손 사이에 자기력 같은 것이 느껴지는가?

이제 양손을 조금씩 가까이 했다가 멀리 하기를 반복하며 양손 사 이의 느낌에 집중한다. 약하게 저릿저릿 하는 전류감이나 자석처럼 묵직하게 양 손바닥 사이를 끌어당기거나 서로 밀어내는 것 같은 느낌이 들 것이다. 부드러운 솜처럼 뭉글뭉글하거나 물속에서 손을 천천히 움직이는 것 같은 느낌이 들기도 하는데 이것이 바로 기의 느낌이다.

두 손 사이의 공간에서 그 느낌이 확실해지면 천천히 손바닥 사이를 점점 더 넓게 벌렸다 좁히기를 반복한다. 연습하면 손을 더 자유롭게 움직이면서도 에너지의 느낌을 유지할 수 있다. 손의 느낌이 손목과 팔, 몸통까지 확장되는 것을 느낄 수도 있다. 위 동작을 3분 정도 한 후 양손을 무릎 위에 내린다.

퍼팅을 연습하기 전에 편하게 앉아서 5분 정도 호흡에 맞춰 에너지를 느끼면서 손의 감각에 집중해보자. 에너지를 느끼는 감각을 연습하다 보면 잘 알려진 퍼팅 팁이 에너지를 느끼는 것과 일치한다는 것을 직관적으로 알게 될 것이다. 예를 들면, 퍼팅 스트로크를 할 때 에너지 감각을 유지하고 있으면 "퍼터를 달걀을 쥐듯 잡아라"가 어떤 의미인지 바로 감이 온다. 팔이 어깨에 매달린 채 편안하게 이완되어 손과 연결되는 느낌은 퍼팅에 많은 도움을 준다. 에너지 감각을 통해 팔과 몸을 연결하는 감각을 유지하면 퍼팅 스트로크를 할 때 불필요한 팔의 움직임을 최소화할 수 있다. 한마디로 자기 손을 잘 느낄 수 있으면, 퍼터가 하는 일을 더 잘 감지하고 제어할 수 있다.

시원한 머리,
든든한 뱃심으로 쳐라

머리와 복부 중 어느 곳이 시원하고 어느 곳이 따뜻해야 좋을까? 머리가 시원해야 하고 배가 따뜻해야 한다는 것을 우리는 경험을 통해 알고 있다. 그런데 스트레스를 받으면 이 균형이 뒤집어져 머리에 열이 오르고 아랫배는 차가워진다. 이 상태에서는 명료한 사고를 할 수 없고 뱃속 장기의 활동이 원활하지 못해서 속이 답답하고 더부룩해진다. 머리는 시원하고 배가 따뜻해야 인체의 모든 장기가 잘 작동하는 에너지의 균형 상태가 만들어지는데, 이를 '수승화강水昇火降'이라 한다. 물의 에너지는 위로 불의 에너지는 아래로, 이를 통해 머리는 시원하고 아랫배는 따뜻하게 유지하라는 뜻이다.

수승화강은 우리 몸과 뇌가 최고의 기능을 발휘할 수 있는 이상적인 에너지 상태다. 따라서 골프하기에 가장 좋은 몸과 마음의 상태를 만들어준다. 머리가 시원하고 아랫배가 따뜻한 상태에서 좋은 골프 전략을 짤 수 있고 안정된 샷을 할 수 있다.

수승화강이 되려면 아랫배에 있는 에너지 센터인 단전丹田을 단련해서 뱃심이 두둑한 상태가 되어야 한다. 단전은 피트니스 트레이닝에서 흔히 코어, 파워존이라 불리는 곳으로 육체적으로는 인체의 무게중심이고, 에너지적으로는 우리 몸의 가장 근원적인 생명력이 자리한 곳이다. 단전이 튼튼해지면 머리는 시원하고 아랫배는 따뜻해진다. 또한 배꼽을 기준으로 상반신은 에너지가 비워지고 하반신으로 에너지가 모여 상허하실上虛下實 상태가 된다.

상허하실은 요가, 기공, 태극권 같은 에너지 수련과 무예의 기본이 되는 원리인데 골프 게임에도 그대로 적용된다. 셋업 자세를 취할 때 상체인 어깨, 팔, 클럽을 쥔 손의 힘은 빼고 하체인 허리, 다리, 발바닥은 중심이 잘 잡혀야 한다. 아랫배 단전과 하체에 힘이 실리는 묵직한 자세를 만들어야 척추가 자유로워지고, 상체를 유연하게 움직일 수 있으며, 견실한 스윙을 할 수 있다.

"어드레스에서 허리띠 버클이 티 위의 공을 가리키게 하라.""피니시를 할 때 허리띠 버클이 목표점을 향하게 하라." 이런 표현들이 모두 단전에 의식을 집중하고 무게중심이 실리게 하라는 말이다. 평소에 단전을 느끼고 강화하는 운동을 하면 어드레스를 할 때 하체가 튼튼하게 뿌리내린 나무처럼 느껴진다. 하체는 견고하게 땅을 디디고, 상체는 버드나무 가지처럼 유연해서 부드러우면서도 힘 있는 스윙을 할 수 있다.

컴퓨터와 핸드폰을 끼고 사는 디지털 생활, 정보 과부하, 스트레스로 많은 사람들이 배는 차갑고 머리는 뜨거운 뒤집힌 에너지의 흐름 때문에 고생한다. 이 상태가 골프 게임에 좋지 않다는 것은 말하지 않아도 알 것이다. 열 받은 머리와 뱃심 없이 하는 골프는 슬라이스와 훅과 OB의 지름길이다. 에너지가 단전과 하체에 머물지 않고 머리까지 올라오면 샷을 하기 전에 온갖 잡념으로 긴장하게 된다. 그런 상태에서는 스윙 중에 코어를 느낄 수 없고, 힘도 떨어지고, 균형을 잃고 흔들리며, 일관성 없는 스윙을 하게 된다. 또 에너지를 많이 소모해 9홀만 돌아도 피곤하고 집중력이 떨어져서 나머지 홀에서는 공을 대충 치게 된다.

짧은 퍼트를 놓치거나 그린을 20미터 앞둔 어프로치 샷에서 뒤땅을 치고도 아랫배에 힘을 주고 몸의 무게중심을 놓치지 않으며 차분함을 유지할 수 있는가? 아니면 머리로 열이 확 올라와서 얼굴이 발개지거나 화가 치밀고 다리 힘이 확 풀려버리는가? 골프 코스에서 단전을 느끼며 수승화강 상태를 유지할 수 있으면 몇 타수는 줄일 수 있다.

에너지 감각과 수승화강은 밀접하게 연관되어 있다. 에너지를 느끼지 못해도 운동, 명상, 호흡 등을 활용해 수승화강 상태를 만들 수는 있다. 하지만 에너지 감각을 개발하면 수승화강 상태를 유지하는 힘이 더 커진다. 몸의 에너지 균형이 깨지는 조짐을 빨리 알아차리고 필요한 조치를 취해서 수승화강 상태를 회복할 수 있다. 워터해저드를 눈앞에 두고 아이언을 잡은 손에서 땀이 나고 가슴이 두근거릴 때, 이를 바로 알아차리고 심호흡을 서너 번 하면 에너지를 아랫배로 내려 마음을 안정시킬 수 있다.

이 책에 소개한 모든 운동과 수련은 에너지의 원리를 바탕으로 우리 몸을 수승화강 상태로 만들어준다. 특히 피트니스 편에 소개한 장腸운동, 명상 편에 소개한 뇌파진동, 호흡 편에 소개한 단전호흡은 꾸준히 해주면 깜짝 놀랄 만큼 효과를 내는 강력한 수련법이다. 골프 게임뿐만 아니라 건강과 장수에도 큰 도움이 된다.

나를 지켜보는 또 다른 나,
셀프코칭

에너지가 몸과 마음의 감각을 어느 정도 깨울 수 있는지 이해를 돕기 위해 내가 어떻게 에너지를 느끼게 되었고, 그 후로 내게 어떤 변화가 있었는지를 이야기하고 싶다.

20대 후반, 어느 날 공부할 책을 구하기 위해 청계천에 있는 한 고서점에 갔다. 기氣와 역학, 한의학 관련 책자를 찾으러 자주 들르던 곳이었다. 서가를 훑어보는데 표지가 반쯤 떨어져 나간 책이 눈에 띄기에 무심코 집어 들었다. 태극권에 관한 책이었다. 책 중간을 펼쳤는데 '기를 터득하면 천하무적이 된다'라는 글귀가 눈에 들어왔다.

바로 그 순간 깜짝 놀라서 뒤로 한 걸음 물러섰다. 마치 감전된 것처럼 강렬하고 찌릿찌릿한 느낌이 순간적으로 몸을 타고 흘렀다. 온몸에 전율이 일었다. '어, 이게 뭐지?' 무슨 일이 일어나고 있는지 생각할 겨를도 없이 이번에는 온몸의 전율이 잦아들면서 조용하고 편안한 무언가가 몸 전체를 안개처럼 감싸는 느낌이 들었다. 마음이 차분하게 가라앉으며 나도 모르게 경건해졌다. 그렇게 평화로울 수가 없었다.

가만히 책을 덮어 제자리에 둔 채 책방을 나와 집으로 향했다. 그 느낌이 사라져 버릴까봐 걸을 때도, 버스를 탈 때도 조심조심 움직였다. 잘 때도 조용히 자리에 누웠다. 내일도 이 느낌을 간직한 채로 일어나고 싶었다. 새벽 4시에 일어나서 명상을 해야겠다고 생각하며 잠이 들었다.

다음 날 새벽에 눈이 딱 떠져서 시계를 보니 1분도 어긋나지 않은 4시였다. 자리에서 일어났다. 아니, 일어났다기보다 몸이 저절로 일으켜 세워졌다. 그러고는 동네 뒷산으로 향했다. 역시 내가 가고 있는 것이 아니었다. 몸이 가고 있었다. 보이지 않는 어떤 힘이 나를 움직이는 것 같았다. 책을 좀 봐야겠다고 생각하는 순간 손이 책 있는 곳으로 쭉 뻗어졌다. 밥을 먹을 때도 마찬가지였다. 내 손이 수저를 드는 것이 아니었다. 어떤 힘이 내 손을 들어 올리는 것 같았다. 그런 움직임이 아주 자연스럽게 느껴졌다. 몸의 어느 곳에도 힘이 들어가지 않았고, 가끔은 모든 동작이 슬로비디오를 보듯 아주 느리게 인식되었다.

나중에서야 그때 내가 체험한 강력한 힘, 말없이 내 몸을 움직이는 것의 정체가 '기'라는 것을 알게 되었다. 합기도, 태권도, 그동안 읽었던 여러 책들을 통해서 기에 대해 알고는 있었지만 내 몸으로 강력하게 체험한 것은 그때가 처음이었다. 기를 체험하고서 나타난 큰 변화 중의 하나는 나를 지켜보는 또 다른 내가 느껴진다는 것이었다. 내가 어떤 생각을 하는지, 어떤 감정 상태에 있는지, 어떤 행동을 하는지가 영화를 보듯 생생하고 또렷하게 느껴졌다. 그 '나'는 단지 지켜보기만 한 것이 아니라 나를 변화시켰다. 나를 지켜보는 나는 일상의 나를 격려하기도 하고 때로는 꾸짖기도 하면서 스스로를 코칭하고, 내가 더 나은 선택을 하도록 이끌었다.

에너지 감각은 골프에도 비슷한 효과를 가져다줄 수 있다. 한마디로 골프에서 자신의 몸과 마음을 느끼는 자각 능력이 커져서 셀프코칭이 가능해진다. 에너지 감각을 골프에 적용하기 시작하면 당신이 하는 모든 골프 연습과 게임의 효과를 극대화할 수 있다.

기 수련으로 힘을 빼고 제어력을 키우다

성배경

67세, 남, 구력 20년

제주도에서 오래 근무했는데 근처에 골프장이 많았다. 골프장의 넓은 잔디밭, 공기, 햇볕, 걷기 모두 건강 관리에 도움이 되었다. 골프에서 가장 중요한 것은 자기 몸을 의식적으로 컨트롤하는 것이다. 20년 동안 기 수련을 하면서 그러한 감각을 비교적 쉽게 터득할 수 있었다.

스윙을 하기 전, 내 몸에 '하체 고정, 상체 이완, 머리 고정'이라고 명령한다. 골퍼라면 다 아는 기본이지만 실제로 그걸 지키는 게 굉장히 어렵다. 하체가 조금이라도 일어나거나 공을 쳐다보면 탑핑이 난다. 그렇게 명령을 내린 상태에서 손끝까지 기운이 전달되는 것을 느낀다.

기운을 느낀다는 것은 힘을 빼는 것과 통한다. 힘을 빼야 공도 멀리 나간다. 잘 치려고 머리로 생각하는 순간 몸에 힘이 들어간다. 오로지 몸에만 집중하고 몸을 느끼면서 스윙을 해야 원하는 만큼 보낼 수 있다.

몸을 느끼지 못하면 자꾸 잡념이 들어온다. 내기 골프를 하는데 옆 사람이 "아, 앞에 해저드 있어요!"라고 말하면 해저드를 생각하지 않으려고 해도 의식이 해저드로 가게 된다. 그럴 때 기운을 느끼면 몸에 집중하게 되고 의식이 몸 안으로 들어온다. 누가 방해 공작을 해도 쉽게 휘둘리지 않고 편안하고 일관성 있게 공을 칠 수 있다.

　매일 새벽에 기 수련과 명상을 한 후에 퍼팅 연습과 스윙 이미지트레이닝을 한다. 5분 남짓 짧게 연습하지만 몸이 이완되고 뇌파가 안정된 상태라 효과가 좋기에 계속 실천하고 있다. 필드에서 다음 샷을 위해 이동할 때는 몇 번 아이언을 쓸까, 백스윙을 어느 정도 할까를 선택한 후 뇌 속에 상상의 스크린을 띄워 스윙하는 모습을 그리면서 걷는다. 1만 보 걷기, 앉았다 일어서기, 발뒤꿈치 들었다 놓기 등의 근력 단련도 꾸준히 하고 있다.

　골프장에 자주 못 나가도 골프장에서 살다시피 하는 사람에 비해 80대 초반 타수를 수월하게 유지하는 것은 기 수련과 브레인명상 덕분이다. '내 몸은 내가 아니라 내 것이다'라는 말을 골프에 적용하는 훈련을 꾸준히 해온 것이 큰 도움이 되었다.

체력이 곧 골프력이다

가장 중요한 골프 장비는
내 몸

올해 85세인 남아공의 프로골퍼 게리 플레이어는 '미스터 피트니스'라는 별명을 가지고 있다. 앞에서도 잠깐 언급했지만 게리 플레이어가 78세 때 찍은 근육질의 알몸 사진이 공개되었을 때 많은 사람들이 충격을 받았다. 만성적인 운동 부족과 패스트푸드에 중독된 사람들이 그에게 자극받아 운동을 시작했다고 한다. 그는 지금도 매일 스트레칭을 하고 머리부터 발끝까지 근육을 단련한다. 특히 코어 근육의 힘을 잃지 않기 위해 하루에 천 번씩 윗몸일으키기를 한다.

그는 PGA 메이저 대회의 그랜드슬램뿐만 아니라 50세가 넘은 골퍼가 참가하는 시니어 투어에서도 그랜드슬램을 달성했다. 게리 플레이어는 우승 이유를 운동으로 단련해온 몸 덕분이라고 말하며 나이가 들어서도 골프를 즐기려면 무조건 운동을 하라고 강조한다.

"계속 움직여야 한다. 만약 뒷방 늙은이처럼 TV나 보고 앉아 있다면 그건 곧 죽어가는 것이다. 시간을 많이 내기 힘들다면 하루에 아침 저녁으로 2분만 투자하라. 일어나자마자 윗몸일으키기 100번, 잠자기 전에 100번만 해도 일반 아마추어 골퍼들은 자신의 나이보다 훨씬 더 좋은 코어를 갖게 될 것이고, 지금보다 더 나은 스코어를 기록할 것이다."

게리 플레이어의 말에 공감하지 않을 수 없다. 골프에서 가장 중요한 장비는 몸이다. 다른 장비는 낡거나 손에 안 맞으면 다른 것으로 바꿀 수 있다. 하지만 몸은 그렇게 할 수 없지 않은가. 평생 골프를 하고 싶다면 애지중지하는 클럽에 비할 수 없을 정도로 몸 관리에 절대적인 정성과 헌신을 기울여야 한다.

대부분의 프로스포츠에서 선수들은 보통 20대나 30대 초반에 최고의 기량을 발휘하다가 40대가 되기 전에 은퇴한다. 골프는 60대나 그 이후에도 선수 생활이 가능하다. 여가로 즐기는 골프는 몸만 허락한다면 100살이 넘어서도 할 수 있다. 골프채를 들 수 있는 힘만 있다면 누구나 골프를 할 수 있다는 말이 있지 않은가.

독일인 골퍼 베른하르트 랑거Bernhard Langer는 2020년 11월에 열린 PGA 메이저 대회인 마스터스 토너먼트에서 역대 최고령 통과 기록을 세웠다. 대회에는 초장타자로 유명한 미국 프로골프의 아이콘인 26세의 브라이슨 디섐보Bryson DeChambeau도 참가했다. 최종 라운드의 드라이버 샷 총거리에서 랑거가 디섐보에 600미터 이상 뒤졌다. 그러나 랑거는 높은 그린 적중률과 퍼트로 짧은 드라이버 샷의 약점을 만회하여 디섐보를 앞섰다. 그의 나이는 63세였다. 랑거는 50살 이후에 11회의 시니어 메이저 챔피언십을 포함하여 PGA 챔피언스 투어에서 무려 41승을 기록했다. 다른 시니어 골퍼들과 그를 차별화하는 것은 꾸준한 체력 단련이다.

골프는 그 자체로 좋은 운동이고 널리 알려진 장수 스포츠다. 하지만 다른 운동은 안 해도 된다는 생각은 위험천만하다. 전반적인 건강을 위해서는 물론이거니와 골프를 더 잘하기 위해서도 운동은 필수다. 꾸준한 근력 단련과 유연성을 기르는 스트레칭, 운동량이 적은 반대 방향으로 보조운동 하기는 골프 피트니스의 기본 중의 기본이다. 이런 기본을 무시하면 골프 실력이 늘지 않는 것은 물론이고 오랫동안 골프를 즐길 수 없다. 또한 잦은 부상으로 고생하게 된다.

50세 전이라면 아직은 전반적인 건강 상태가 골프 게임에 큰 영향을 미친다는 생각이 들지 않을 수도 있겠다. 하지만 지금부터라도 생각을 바꿔보자. 60세가 넘으면 체력이 곧 골프력이라는 것을 절실하게 느끼게 될 것이다. 한 살이라도 더 젊었을 때 체력 단련을 시작하자. 평생 골프를 즐기고 싶다면 운동이 세수나 양치질처럼 생활 속에 완전히 뿌리내리도록 해야 한다.

생활 속에서 틈틈이 1분 운동을 하라

우리 같은 아마추어 골퍼는 프로선수들처럼 하루에 몇 시간씩 피트니스에 투자하기도 힘들고 그럴 필요도 없다. 매일 30~60분 정도 골프를 위한 피트니스 루틴을 꾸준히 하고 있다면 더할 나위 없이 좋다. 하지만 바빠서 따로 운동할 시간을 내기가 어렵더라도 실망할 필요는 없다. 생활 속에서 틈나는 대로 몸을 움직이는 습관을 들이면 된다. 일명 틈새 운동, 1분 운동을 하는 것이다.

1분 운동은 푸시업, 스쿼트, 싯업, 런지, 플랭크처럼 단시간에 효과적으로 근력을 쓰고 심박수를 높일 수 있는 중고강도 운동을 1시간에 1분씩 하는 것이다. 1분 운동이라고 해서 꼭 1분만 해야 하는 것은 아니다. 5분을 해도 되고 10분을 해도 된다. 매 시간 알람이 울리게 맞춰 놓으면 하루에 열 번 정도는 할 수 있다. 30분에 몰아서 하는 운동을 하루 동안 10회에 나누어서 한다고 생각하면 이해하기 쉬울 것이다.

시간적인 여유가 있을 때는 몇 가지를 세트로 하면 효과가 배가된다. 예를 들어 점핑잭을 한 후에 푸시업이나 스쿼트를 하면 심장이 세차게 뛰고 숨이 차오르며 근육들이 뻐근해지고 몸에서 땀이 난다. 단시간에 심박수, 폐활량, 체온이 상승하고 근력이 단련되어 운동 효과를 속성으로 체험할 수 있다. 이런 근력운동 후에 골프에 사용하는 근육을 골고루 스트레칭해주면 금상첨화다.

내가 틈틈이 하는 운동에 관심을 갖게 된 것은 50대 중반을 넘어서면서부터였다. 몸이 예전 같지 않았다. 젊은 시절에는 태권도, 유도, 합기도 유단자였고 몇 시간씩 운동을 해도 지칠 줄 모르는 무쇠 체력이었는데 언젠가부터 몸의 기력과 근력, 순발력이 떨어지는 것이 느껴졌다. 이대로 방치하면 순식간에 늙겠구나 생각하니 정신이 번쩍 들었다.

당시 매우 바쁜 일정을 소화하고 있었던 나는 운동할 시간을 따로 빼기가 어려웠다. 그래서 틈이 날 때마다 몸을 움직이기 시작했다. 보고서를 읽다가도 손으로 의자를 잡고 다리를 들어 올렸다 내렸다 하고, 화장실에서 손을 씻고 나오기 전에 세면대 벽에 비스듬히 기대어 푸시업을 했다. 또 베어워킹이라고 해서 곰이 네 발로 걸어가듯이 발바닥과 손바닥을 바닥에 대고 엉덩이를 들어 올린 채 방 안을 몇 바퀴 돌기도 했다. 차 안에서는 틈이 날 때마다 장운동과 단전호흡을 했고, 악력기를 활용하여 손아귀와 손목의 힘을 키웠다. 장생보법이라는 나만의 걷기 방법을 개발해서 일상생활에서도, 골프 코스에서도 그 방법대로 걸었다.

그렇게 틈틈이 몸을 움직인 지 3개월 정도 되었을 때 오랜만에 골프 코스를 찾았다가 깜짝 놀랐다. 골프 타수가 크게 줄어든 것은 아니지만 스윙이 훨씬 견실해졌다. 공이 벙커에 빠지면 아쉬운 생각도 잠시, 공을 어떻게 빼서 그린에 올릴까 생각하고 도전하는 것이 즐거웠다. 18홀을 돌아도 에너지가 넘쳐서 한 번 더 돌기도 했다.

잠깐씩 하는 운동이 얼마나 효과가 있을까 의구심이 들 수 있지만 시험 삼아 딱 일주일만 해보면 느낄 수 있다. 몸이 가볍고 민첩해지고 활력이 생긴다. 석 달만 꾸준히 하면 골프 스윙이 더 안정되고 코스에서 훨씬 덜 지친다.

중요한 것은 몸을 움직이는 것이 습관이 되고 체질이 되게 하는 것이다. 아직 골프 피트니스 루틴이 없는 사람이라면 운동 시간이나 강도보다는 빈도에 신경을 쓰는 것이 좋다. 최대한 자주 반복하는 것을 목표로 삼는 것이다. 운동 강도가 지나치게 높고 부담스럽다면 운동을 시작하기 전부터 저항이 생기기 쉽다. 뭐든지 일단 시작해야 반복할 수 있고 반복해야 습관이 된다. 습관이 자리 잡을 때까지 매일, 짧게라도 하루에 여러 번씩 반복해보자. 특정한 날을 정해 운동하고 한 번에 운동량을 늘리는 것보다 규칙적이고 지속적인 운동 습관을 기르는 것이 중요하다. 규칙적으로 운동하는 습관이 들면, 그때 운동 시간을 서서히 늘리거나 강도를 높이는 것이 좋다.

유난히 몸을 움직이기 귀찮고 게을러지는 날이 있다. 그럴 때는 내 뇌에게 이렇게 이야기해준다. "체력은 내 생명이다. 체력은 나의 골프력이고, 골프 수명이다." 주위에 사람들이 없으면 큰 소리로 말한다. 그런 다음 하나, 둘, 셋을 세고 벌떡 일어나서 몸을 움직이기 시작한다. 당신 몸이 게으름을 피우거든 이 방법을 권한다.

나는 100세 골퍼를 꿈꾼다

카트를 타지 말고
걸어서 이동하라

시니어 골퍼들에게 근력 단련의 중요성은 아무리 강조해도 지나치지 않다. 근육량은 보통 30대 이후부터 점차 감소해 50~70대까지 10년에 8퍼센트씩, 그 후로 10년에 15퍼센트씩 감소한다. 그대로 두면 80대에 이르면 30대 때 근육량의 절반 정도로 줄어든다. 90대 초반의 아버지를 안았을 때 아버지의 몸이 너무나 작고 연약해 마치 작은 새처럼 느껴졌던 기억이 있다. 좀 더 젊으셨을 때 운동하는 습관이 몸에 배도록 도와드리지 못한 것이 안타깝고 후회스러웠다.

근육은 쓰지 않으면 줄어든다. 건장한 남성을 대상으로 3주간 꼼짝 않고 누워서 지내게 한 뒤 근육이 어떻게 퇴화했는지를 조사한 실험이 있다. 실험 결과, 팔 근육은 그대로인 데 비해 다리 근육은 무려 15퍼센트나 가늘어졌다. 그리고 퇴화한 다리 근육을 다시 훈련시킨

결과 9주 만에 본래의 상태로 되돌아왔다. 눈여겨볼 만한 점은 본래의 근육을 회복하기 위해서 세 배의 시간을 투자해야 했다는 사실이다. 평소에 몸을 자주 움직이는 생활습관이 건강에 얼마나 중요한지를 보여준다.

다리 근육을 강화하는 운동법을 찾고 있다면 걷기와 자전거 타기를 추천한다. 가능하면 코스에서 카트를 타지 말고 걸어서 이동하자. 앞에서 소개한 102세 골퍼 이종진 옹은 걷기 예찬론자였다. 그는 매일 아침 6시에 집을 나서 한 시간 동안 집 주변 산책로를 8킬로미터 정도 걸었다. 비나 눈이 오면 우산을 쓰고 걸었다. 90대 후반에 측정한 그의 심폐기능은 50대 남성과 견주어도 손색이 없었다고 한다. 뒤에서 소개할 장생보법으로 걸으면 마음을 안정시키는 명상 효과까지 얻을 수 있다.

자전거 타기는 다리 힘을 길러줄 뿐만 아니라 심폐기능, 민첩성, 균형 감각, 순발력을 향상시켜준다. 안장이 체중을 지탱해주기 때문에 관절에 무리를 주지 않고 장시간 운동할 수 있다. 나는 요즘 전기자전거를 타기 시작했다. 언젠가 일반 자전거를 타고 세도나 마고가든으로 가는 비포장도로를 달린 적이 있다. 자전거로 한 시간이 약간 넘는 거리라서 대수롭지 않게 생각했다가 혼이 났다. 울퉁불퉁한 자갈길을 달리려니 여간 힘든 것이 아니었다. 한숨 돌릴 만하면 나타나곤 하는 오르막길에서는 차라리 자전거를 등에 지고 가는 것이 낫겠다는 생각이 들 정도였다. 전기자전거로 바꾸고 나서는 세도나의 언덕길도 수월하게 달리면서 내 체력에 맞게 운동량을 조절할 수 있어서 즐기고 있다.

모터가 달린 자전거는 그다지 운동이 되지 않을 거라 생각했는데 오해였다. 호흡을 조절하기가 수월하고 쉽게 지치지 않기 때문에 자전거를 더 오래, 자주 탈 수 있어서 운동 효과가 더 좋았다. 어쩌다 한 번씩 무리해서 무거운 역기를 드는 것보다 가벼운 아령이라도 적당한 횟수로 꾸준히 들어주는 것이 몸에 더 좋은 것과 비슷한 이치일 것이다. 다리 힘을 기르고 싶은데 일반 자전거가 부담스러운 이들에게는 전기자전거를 추천한다.

몸과 마음,
호흡을 연결하며 운동하라

이미 실시하고 있는 골프 피트니스에 다음에 소개하는 뇌교육의 심신 단련 운동을 추가해보자. 일반적인 근력 단련이나 스트레칭과 다른 점은 기 감각과 호흡을 활용해 의식적으로 몸과 마음을 연결해서 운동하는 것이다.

한참 동안 책을 읽었는데 정신이 딴 데 팔려 있어서 읽은 내용이 하나도 기억나지 않은 적이 있는가? 우리 몸에도 똑같은 일이 있어날 수 있다. 골프 연습을 하고 체력을 단련하는 동안 몸과 마음이 제각기 따로 놀면 충분한 효과를 얻기 어렵다.

기 감각과 호흡은 여기저기 떠도는 마음을 몸에 머물게 하는 닻이다. 마음을 몸으로 끌어당기는 자석 같은 것이다. 동작을 하면서 마치 몸과 대화한다는 기분으로 그때그때 움직이는 부위에서 느껴지는 감각과 호흡에 주의를 기울이면서 하는 것이 요령이다. 가령 목운동을 할 때는 목에 의식을 집중하여 목 상태나 그 부위에서 일어나는 변화와 느낌을 자각해본다. 이때 몸에 쌓인 묵은 에너지를 날숨과 함께 내보내고 신선한 에너지를 들숨과 함께 몸에 공급한다는 느낌으로 숨을 쉰다. 너무 빠르지 않게 리듬을 타면서 몸의 동작과 의식과 호흡이 하나가 되어 움직인다.

골퍼들의 근력, 균형 감각, 동작 조정력, 유연성을 기르는 데 도움이 되는 뇌교육의 심신 단련 운동을 몇 가지 소개한다. 책에서는 각 운동의 목적과 효과, 요령을 간략하게만 소개하고 자세한 동작은 유튜브 채널에서 배울 수 있다.

장이 풀리면 스윙이 부드러워진다

장은 제2의 뇌라고 불릴 만큼 몸과 마음의 컨디션에 많은 영향을 미친다. 소화는 물론 감정, 정신 건강, 균형, 호흡, 혈압, 유연성, 신체 조정력, 에너지 레벨까지. 당연히 골프 게임에도 영향을 미친다. 장 건강이라고 하면 프로바이오틱스 같은 건강보조제가 떠오를 것이다. 물론 그런 것도 도움이 되지만 훨씬 더 간단하고 직접적인 방법이 있다. 장 자체를 운동시키는 것이다.

장운동은 아랫배에 집중하고 아랫배를 당겼다 놓았다가 하는 동작을 반복한다. 배를 당길 때는 마치 배가 등에 닿는다는 기분으로 최대한 깊이 당겨준다. 이때 항문도 함께 조이면 좋다. 배를 밀어줄 때는 마치 풍선에 바람을 불어넣듯 아랫배에 압력을 느낄 정도로 가볍게 배를 내민다. 처음에는 50회 정도에서 시작하여 점차 늘려가며 익숙해지면 300회 이상 해준다. 1분에 100회 정도를 할 수 있기 때문에 익숙해지면 10분간 지속해서 1,000회를 하는 것이 크게 어렵지 않다. 하루에 1,000회씩 하면 아랫배에서 열이 나면서 앞에서 설명한, 머리는 시원하고 아랫배는 따뜻한 수승화강 상태가 만들어진다.

장운동이 골프 게임에 어떤 도움을 줄까? 음식을 잔뜩 먹은 후 공을 쳐본 경험이 있다면 몸이 얼마나 무겁고 느리게 느껴지는지, 머리가 얼마나 멍한지 잘 알 것이다. 장이 풀어지면 허리도 풀리고 다리에 힘이 들어가며 팔 움직임이 더 자유로워진다. 몸이 한결 가볍고 유연하고 강하게 느껴지며, 코어 근육이 단련되어 스윙할 때도 안정감과 균형감이 좋아진다.

장운동의 다른 장점 중의 하나는 호흡이 깊어진다는 것이다. 호흡의 중요성은 널리 알려져 있지만, 필드에서 호흡에 주의를 기울이는 골퍼들은 그리 많지 않다. 호흡이 깊어지면 마음이 차분해지고 집중력이 좋아지며 에너지 레벨도 높아진다.

라운딩을 할 때 후반으로 갈수록 피곤해져서 게임의 질이 떨어지는 사람, 골프를 할 때마다 온몸이 쑤시는 사람은 장운동이 크게 도움이 될 것이다. 장운동을 꾸준히 하면 확실히 덜 지친다. 18홀뿐만 아니라 36홀을 돌고도 몸이 가뿐한 느낌을 갖고 싶다면 시도해보자.

장운동은 앉아서 할 수도 있고 누워서 할 수도 있다. 출퇴근길에 운전하면서 할 수도 있다. 빨간불에서 다음 신호를 기다리는 잠깐 동안 하기에도 안성맞춤이다. 우리나라에서는 골프장에 가려면 족히 한두 시간은 운전해야 하는 경우가 많다. 골프를 하러 가는 길에 장운동을 하면 마음을 차분하게 하여 훌륭한 준비 운동이 되고, 돌아오는 길에 하면 피로를 푸는 데 도움을 준다.

원숭이 자세로 코어를 강화하라

보통 운동하면 달리기, 웨이트 트레이닝 등 몸을 빠르고 강하게 움직이는 것을 연상하지만 움직이지 않는 것도 운동이 된다. 몸을 움직이지 않고 일정한 자세를 유지함으로써 뼈와 관절 주위에 있는 미세한 근육을 강화할 수 있다.

우리 몸에는 겉근육과 속근육이 있다. 겉근육은 복근이나 이두근처럼 피부 가까이 있는 큰 근육이다. 파워와 속도가 있는 움직임을 만드는 데 쓰이며 운동근이라 불린다. 속근육은 몸 안쪽 깊은 곳에서 척추와 관절, 뼈를 붙들고 자세를 유지하고 내장을 보호하는 근육이다. 흔히 말하는 코어 근육이 바로 속근육이며 자세 유지근이라고도 불린다.

플랭크처럼 특정 자세로 근육을 수축시키며 버티는 운동이 대표적인 속근육 운동이다. 이런 운동을 할 때 1분도 채 안 되어 몸이 부들부들 떨린다면 그만큼 속근육이 약한 것이다.

겉근육을 움직이는 운동이 양이라면, 속근육을 움직이는 운동은 음이다. 겉근육뿐만 아니라 속근육도 함께 발달시켜야 몸의 근육과 관절을 균형 있고 효율적으로 사용할 수 있다. 속근육이 부실한 상태에서 겉근육만 키우면 파워풀하고 균형 잡힌 스윙을 하기 어렵다.

원숭이 자세는 속근육을 강화하는 데 탁월한 운동법이다. 자세는 간단하다. 꼬리뼈만 바닥에 댄 채 다리와 팔을 들어 올려 무릎을 구부

린 자세를 유지하는 것이다. 초보자들은 30초만 지나도 몸이 부들부들 떨릴 만큼 어려운 자세다. 이때 꼬리뼈로 균형을 잡으면서 허리를 펴고 호흡에 집중한다. 몸의 다른 부위는 최대한 이완하고 의식을 아랫배에 집중한 채 자연스럽게 호흡한다. 숨을 일부러 길게 하려고 애쓰거나 참지 말고 편안하게 숨이 들어오고 나가는 것을 느낀다.

변형 동작을 활용하면 나이나 컨디션에 관계없이 누구나 이 운동의 효과를 경험할 수 있다. 꼬리뼈만 바닥에 댄 채 3~4분간을 버틸 수도 있고, 발뒤꿈치를 바닥에 내려놓고 다리와 몸통의 각도를 이용해 운동 강도를 조절할 수도 있다. 의자에 앉은 채 다리만 들어서 10초만 자세를 유지해도 코어의 힘이 길러지고 호흡이 깊어진다.

하루걸러 한 번씩 원숭이 자세를 연습해보자. 초보자들은 30초 정도에서 점차 시간을 늘려가되 무리하지 않도록 주의한다. 이 자세를 취할 때 편하게 호흡할 수 있어야 한다. 호흡이 힘들 정도로 버틸 필요는 없다. 연습할 때마다 버티는 시간을 조금씩 늘려가도록 한다. 코어의 감각을 기르고 몸의 중심을 잡는 데 효과가 탁월하다.

접시돌리기로 균형 감각과 유연성을 키운다

골프는 대표적인 편향 운동이다. 대부분의 골퍼들이 스윙을 한 방향으로만 하기 때문에 몸이 틀어지고 근육과 골격의 균형이 깨지기 쉽다. 또 새로운 테크닉을 시도하거나 스트레스가 쌓일 때는 스윙할 때 자기도 모르게 몸을 과도하게 틀거나 뻣뻣이 긴장하게 된다.

몸의 긴장을 풀고 균형 감각, 유연성, 동작 조정력을 키우고 싶다면 잠시 클럽을 내려놓고 대신 접시를 들어라. 진짜 접시가 아니어도 된다. 상상의 접시를 손에 올려도 되고, 책이나 다른 물건을 올리고 해도 상관없다. 접시돌리기는 팔을 쭉 뻗어 8자 모양을 그리며 몸의 다른 부위도 함께 움직여주는 운동이다.

몸이 물 흐르듯 자연스럽게 움직이는 감각을 키울 수 있다. 어디가 시작이고 끝인지 모를 만큼 끊임없이 무한대 모양을 그리는 일종의 움직이는 명상이다. 손목, 팔꿈치, 어깨, 척추, 고관절, 무릎이 조화를 이루면서 함께 돌아간다. 동작이 끊어지지 않고 부드럽게 이어지게 해보자. 빨리 움직이거나 힘을 들일 필요가 없다. 동작에 균형이 잡히고 부드러워지는 것을 느끼면서 몸의 움직임을 느끼며 집중한다.

매일 접시돌리기를 3~5분 정도 해보자. 유연성과 힘이 좋아진다. 접시돌리기의 장점은 몸의 좌우를 함께 단련시킬 수 있다는 것이다. 처음에는 한쪽이 다른 쪽에 비해 더 뻣뻣하고 힘도 더 달리는 느낌이 들 것이다. 꾸준히 연습하면 몸의 좌우 불균형이 해소된다. 여러 관절과 근육들이 조화를 이루면서 움직이기 때문에 접시돌리기를 하고 나면 스윙이 한결 부드럽고 쉽게 느껴질 것이다.

춤으로 리듬감과 조정력을 기른다

'골프 피트니스에 웬 춤?' 하고 고개를 갸웃거리는 사람이 많을 것이다. 춤은 몸을 전후좌우로 움직이는 전신운동이기 때문에 몸 전체의 근육을 고루 발달시켜주고 리듬감, 균형 감각, 신체 조정력을 길러준다.

자유롭게 춤을 출 때는 음악의 리듬과 느낌에 따라 몸을 움직이는 것 외에는 아무런 규칙도 제한도 없다. 그냥 움직이고 싶은 대로, 느껴지는 대로 하면 된다. 아무도 보지 않는 것처럼 그냥 자신이 원하는 춤을 자유롭게 추는 것이다. 다른 사람의 시선이 의식된다면 혼자만의 공간에서 추면 된다.

몸의 감각에 집중하면서 움직여보자. 몸의 어느 부분이 무겁게 혹은 가볍게 느껴지는가. 반복적으로 나오는 움직임이 있는가. 어떤 동작을 할 때 더 즐거운가. 음악을 바꾸면 음악의 느낌에 따라 몸이 다른 방식으로 움직인다.

골프할 때 지나치게 분석적인 사람, 생각이 너무 많아 스윙의 리듬을 자꾸 놓치는 사람, 코스에서 남의 이목에 신경을 쓰며 불필요하게 점잔 빼는 사람은 춤을 자주 추기 바란다. 춤을 추다 보면 사고가 더 유연해진다. 스스로를 지나치게 몰아붙이는 완벽주의적인 태도도 줄고 자신에게 더 친절해질 수 있다.

나는 춤추는 것을 좋아하고 자주 춘다. 가수 영탁의 '찐이야'에 맞춰서 몸을 신나게 흔들기도 하고, 나훈아의 '테스형'을 따라 부르며 노래에 담긴 삶의 희로애락을 몸으로 표현해보기도 한다. 요즘 최애 댄스곡은 방탄소년단의 '다이너마이트'와 '마이 유니버스'이다. 이제는 졸업했지만 방탄소년단이 내가 총장으로 있는 글로벌사이버대학의 학생이 된 것을 계기로 그들의 팬이 되었다. 방탄소년단의 노래에 맞춰 어깨를 들썩이며 춤을 추면 젊고 밝은 에너지에 기분이 좋아지고 내일 라운딩이 술술 잘 풀릴 것 같은 생각이 든다.

발끝치기로 피로해진 뇌와 근육을 이완한다

발끝치기는 매우 쉬운 동작이지만 효과가 뛰어나다. 혈액순환을 도와 발과 다리의 붓기를 빼주고 고관절을 유연하게 해주며 피로를 풀어준다. 뇌파를 반수면 상태로 떨어뜨릴 만큼 이완 효과가 강력하기 때문에 잠자기 전에 하면 좋다. 라운딩을 하기 전날에 발끝치기를 하고 자면 숙면을 취할 수 있고, 라운딩을 한 날에는 피로해진 뇌와 근육을 이완하고 에너지를 재충전하는 데 도움을 준다.

바닥에 등을 대고 편안하게 눕는다. 팔은 몸통에서 약간 떨어지게 옆으로 벌리고 손바닥은 펴서 위를 향하게 한다. 다리를 모은 상태에서 양발의 안쪽을 탁탁 소리가 날 정도로 부딪친다. 엄지발가락이 서로 닿고 새끼발가락은 바닥에 살짝 닿는 정도로 빠르게 발끝을 움직인다. 이때 입으로 숨을 내쉬면서 몸속의 피로한 에너지와 스트레스

가 날숨을 통해 빠져나간다고 생각한다. 마치 팬을 돌려 실내의 탁한 공기를 밖으로 빼내듯이 몸속의 에너지를 청소한다는 느낌으로 하면 좋다.

발끝치기를 50~100회 정도 하고 멈춘 뒤, 1분 정도 편안하게 호흡을 하면서 발끝으로 탁한 기운이 빠져나가는 상상을 한다. 익숙해지면 300~500회까지 하면 좋다. 힘들면 중간에 쉬었다 해도 된다.

관절이 튼튼해야
근육의 힘을 제대로 쓸 수 있다

몸에 힘을 기른다고 하면 웨이트 트레이닝부터 떠올리기 쉬운데 관절운동도 그에 못지않게 중요하다. 허벅지와 종아리가 아무리 튼튼해도 무릎이 시원찮으면 18홀을 걸어서 라운딩 하기가 부담스러울 것이다. 관절이 약하고 뻣뻣하면 근육이 가진 힘을 제대로 사용할 수 없다. 관절을 먼저 풀어주고 운동하면 근육에도 힘이 붙고 움직임도 훨씬 자연스럽다.

관절운동으로는 돌리기만 한 것이 없다. 돌리기를 통해 근육과 인대에 무리를 주지 않으면서 관절을 이완하고 튼튼하게 할 수 있다. 관절 구석구석에 피가 잘 돌게 하고 관절액의 움직임을 촉진할 수 있다.

목, 어깨, 손목, 허리, 무릎, 발목 순으로 한 방향으로 5~10회 돌려주고 반대 방향으로도 같은 횟수만큼 돌려준다. 이때 편안하게 호흡하되 입을 약간 벌리고 숨을 길게 내쉬어주면 좋다. 에너지 감각을 유지하면서 관절을 돌리면 관절이 이완되면서 막혔던 부위가 풀리고 관절에 기운이 차오르는 것을 느낄 수 있다.

어깨, 등, 팔, 다리 등의 근육이 발달되어 있어도 관절이 뻣뻣하면 스윙할 때 속도와 균형과 제어에 제한을 받는다. 특히 시니어 골퍼들은 골프 피트니스를 할 때 관절운동을 꼭 포함시키고 꼼꼼하게 해야 한다. 지금 몇 살이든 100살까지 골프를 하고 싶다면 언젠가는 관절의 건강 상태를 최우선 순위로 챙겨야 할 때가 올 것이다.

유연성을 기르고 타수를 줄이다

제럴드 마토리Gerald Matori

64세, 남, 구력 50년

골퍼였던 아버지의 영향으로 10대 때 골프를 배웠으니 골프를 시작한 지 50년 가까이 되었다. 늘 골프를 좋아했지만 결혼하고 아이들이 생기면서는 1년에 4~5번 라운딩이 고작이었다. 고등학교 교장으로 일하다가 4년 전에 은퇴하고는 일주일에 2회 정도 골프를 즐기고 있다.

나이가 들면 유연성을 기르기 위해서 뭐라도 해야 한다. 내 경험으로는 '접시돌리기'만 한 것이 없다. 아내의 권유로 다니기 시작한 단센터에서 배운 운동이다. 허리, 등, 어깨, 팔, 옆구리를 깊게 스트레칭해주고 균형 감각까지 키워준다. 접시돌리기를 하며 어깨를 움직일 때마다 골프 스윙의 어깨 회전과 진짜 비슷하다고 생각하곤 한다.

어릴 때부터 달리기를 시작해 지금도 하고 있지만 수련 전에는 한 번도 몸이 유연하다고 느낀 적이 없었다. 지금은 허리를 숙이면 손이 바닥에 닿는다. 다락에 홈트레이닝 공간을 만들어서 수시로 운동을 한다. 아내와 나는 그 공간을 '명상 동굴'이라고 부른다. 유연성뿐만 아니라 코어, 고관절, 등을 단련하는 운동을 꾸준히 하고 있다. 수련으로 길러진 유연성 덕분에 6~10타수 줄었다. 내 핸디캡은 11~20개 정도다.

요즘은 명상에 재미를 붙였다. 골프를 할 때 지금 이 순간을 느끼려고 한다. 골프에서는 한 샷 한 샷이 중요하다. 방금 전 샷이나 다음 샷을 생각하다간 훅이 나서 공을 물에 빠뜨리기 십상이다. 대부분의 골퍼들은 미스 샷을 하고 나면 분한 기분을 쉽게 떨치지 못하는데, 프로들은 금방 회복한다. 그들이라고 기분이 안 나쁠까? 다만 얼른 마음을 추스르고 다시 집중하는 것이겠지. 나도 명상을 통해 지금 이 순간의 샷에 집중하려고 노력한다.

| 세 번째 예술 · **호흡** |

숨으로
골프 멘탈을 키워라

낙마 사고로
호흡이 일시 정지되다

13년 전 어느 여름날이었다. 나는 미국 애리조나주 세도나의 마고가든 근처에서 말을 타고 있었다. 10여 년 가까이 말을 타왔고, 마고가든에서의 승마는 동네 앞길 산책이나 다름없어서 말 등에 앉아 이런저런 생각에 잠겨 있었다.

수Sue는 손바닥선인장과 낮은 향나무 군락이 늘어선 길을 따라 타박타박 걷고 있었다. 수는 내가 가장 아끼는 말로, 똑똑하고 상냥하며 호기심이 많은 녀석이다. 오래 타다보니 서로 눈빛만 봐도 통하는 사이였다. 그런데 무엇에 놀랐는지 수가 갑자기 앞발을 치켜들더니 냅다 달리기 시작했다. 고삐도 놓친 채 말 등에 엎드려서 한참을 달렸다. 겨우 고삐를 다잡았다고 생각하는 순간 전속력으로 달리던 수가 급정거를 하더니 몸서리를 쳐대기 시작했다. 그 힘에 나는 말에서 힘껏 튕겨 나가고 말았다.

내 몸이 공중에 높이 솟았다가 한순간에 바닥으로 내동댕이쳐졌다. 젊었을 때 무술을 연마했던 터라 낙법이 몸에 배어 나도 모르게 허공에서 몸이 15도 가량 회전했다. 덕분에 머리가 아닌 엉덩이가 먼저 떨어졌지만 워낙 높이 솟았다가 바닥에 내동댕이쳐진 상태라 충격이 매우 컸다. 허리에서 우지끈하는 소리가 들렸고 입안에서 피비린내가 확 올라왔다.

멀리서 나를 부르며 달려오는 소리가 들렸다. 손가락과 발가락을 꼼지락거려 보았다. 악 소리가 날 정도로 통증이 심했지만 다행히 움직여졌다. 그런데 내가 숨을 쉬고 있지 않았다. 숨이 들이마셔지지도 내쉬어지지도 않고 딱 멈춰 있었다. 마치 숨 쉬는 법을 잊어버린 것 같았다. 문득 죽을지도 모른다는 생각이 들었다.

꼼짝을 못 하고 숨도 못 쉰 채 바닥에 누워 있는데 갑자기 하늘이 눈에 들어왔다. 참 아름답다는 생각이 들었다. 빨려 들어갈 것처럼 깊고 푸른 하늘을 보며 생각했다. '하늘이 나를 살려주신다면 숨을 쉴 수 있겠지. 아니면 이게 내가 보는 마지막 하늘이겠구나.' 마음이 차분해지는 것을 느꼈다. 아주 천천히 조금씩 숨을 내쉬어 보았는데 다행히 숨이 나가는 것이 느껴졌다. 그리고 숨이 들이마셔졌다. 그때 그 숨 한 모금이 얼마나 소중하고 감사하던지. 일시 정지된 내 몸에 숨이 들어오면서 꺼졌던 생명의 불이 다시 켜지는 것 같았다. 온몸에 통증이 몰아닥치고 죽음이 떠오르는 상황에서도 하늘이 아름답다고 느끼는 뇌는 참으로 신기한 물건이다.

길어야 1분 남짓, 숨이 멈추었던 그 시간이 내게는 영원처럼 느껴졌다. 사고가 있기 전에도 30년 가까이 다양한 호흡법을 개발하고 가르쳐왔지만 그날 나는 '호흡이 곧 생명'이라는 것을 온몸으로 실감할 수 있었다.

낙마 사고 이후 몸을 회복하는 데 2개월이 걸렸다. 몸을 제대로 움직일 수 없는 상태에서 내가 할 수 있었던 것은 두 가지, 몸을 아주 미세하게 좌우로 흔드는 진동과 호흡이었다. 호흡을 통해 내 몸과 대화하며 내 몸이 스스로를 치유하는 과정을 도왔다. 그 덕분에 담당 의사도 놀랄 만큼 빠르게 회복할 수 있었다.

골프 스트레스,
호흡으로 조절한다

첫 번째 티 샷에서 전혀 긴장하지 않는 골퍼가 있을까? 아마 프로골퍼 중에도 드물 것이다. 첫 번째 드라이버 샷이나 많은 사람들이 보는 앞에서 플레이를 할 때만 부담을 느끼는 것이 아니다. 안타까운 미스 샷, 너무 서두른 퍼트, 라운딩 도중 누군가의 배려 없는 행동, 자신에 대한 기대감 등등 골프 코스에서는 이 모든 것이 스트레스 요인이 된다. 스트레스는 몸을 뻣뻣하게 하고 정신을 산만하게 만든다. 이런 상태에서는 제대로 실력을 발휘하기 어려울 뿐만 아니라 라운딩이 진행될수록 지치고 의욕이 떨어진다.

인생에서와 마찬가지로 골프에서도 스트레스를 피할 수 없다. 골프를 하고 싶다면 당연히 스트레스를 예상하고 받아들여야 한다. 중요한 것은 어떻게 스트레스에 대처하는가이다. 침착함을 잃고 부정적인 감정과 생각에 끌려가는가? 아니면 스트레스를 조절하여 좀 더 생산적인 방향으로 전환하는가?

골프 코스와 일상생활에서 스트레스를 관리하는 데 큰 도움을 주는 것이 호흡이다. 골프 코스에서 당신의 호흡은 어떤가? 아마도 대부분이 잘 모르겠다고 대답할 것이다. 많은 사람들이 호흡에 거의 신경을 쓰지 않기 때문이다.

하지만 호흡에 주의를 기울이느냐 그렇지 않으냐에 따라 호흡의 질은 크게 달라진다. 스트레스 상황에서는 더욱 그렇다. 호흡은 스트레스의 공격으로부터 자신을 보호할 수 있는 방패와 같다. 합기도에서 대련을 할 때는 단지 상대방의 공격을 피하기만 하는 것이 아니라 상대방의 힘을 이용해 반격한다. 호흡을 활용하면 합기도에서의 반격처럼 불안과 긴장의 에너지를 피하는 대신 긍정의 에너지로 전환할 수 있다.

우리 몸의 핵심적인 활력 징후인 맥박, 혈압, 체온, 호흡 등은 자율신경계가 조절한다. 모두 우리가 의식하지 않아도 저절로 일어난다. 그런데 호흡은 다른 활력 징후와 달리 의식적으로 조절할 수가 있다. 혈압이나 체온을 일부러 높이거나 낮출 수는 없지만 숨을 천천히 쉬거나 빨리 쉬는 것은 가능하다. 호흡을 의식적으로 조절함으로써 자율신경계에서 일어나는 스트레스 반응을 완화할 수 있고, 맥박이나 혈압 등 다른 활력 징후에 긍정적인 영향을 미칠 수 있다.

분당 호흡수를 한번 재보자. 성인이 휴식할 때의 정상적인 호흡수는 분당 10~15회다. 평소의 분당 호흡수를 반으로 줄이면 어떻게 될까? 분당 10회 이하로만 낮춰도 마음이 훨씬 편안해진다. 가장 이상적인 호흡 리듬은 12초에 한 번 숨을 쉬는 것이다. 그러면 1분 동안에 숨을 다섯 번 쉬게 된다. 호흡을 의식적으로 조절하여 이 속도로 호흡하면 심폐의 효율성이 증가하고 놀랄 만한 안정감이 찾아온다.

그렇다면 첫 번째 홀에서 드라이버 샷을 날릴 때 호흡이 긴장감을 완전히 제거해 줄 수 있을까? 혹은 호흡이 비거리를 늘려줄 수 있을까? 그것은 장담할 수 없다. 40년째 명상을 하고 가르쳐왔지만 첫 번째 티 샷을 할 때는 나 역시도 여전히 긴장감을 느낀다. 대신 이렇게 생각해보자. 첫 번째 티 샷 전에 심호흡을 몇 차례 해주면 그렇지 않을 때보다 도움이 될까? 의심의 여지없이 그렇다. 호흡이 골프 게임을 향상시키는 만능열쇠는 아니지만 확실히 도움이 된다.

골퍼를 위한
3단계 호흡법

그렇다면 숨을 어떻게 쉬는 것이 좋을까? 골프 코스에서 활용할 수 있는 3단계 호흡으로 가슴호흡, 윗배호흡, 아랫배호흡을 간략히 소개한다.

1단계인 가슴호흡은 어깨와 가슴을 이완하는 호흡이다. 골퍼치고 이 두 부위에 긴장과 스트레스가 쌓이지 않은 사람이 없다. 먼저 심호흡을 몇 번 한다. 코로 숨을 들이마시고 입으로 내쉰다. 입은 커다란 혈자리라고 할 수 있다. 입을 통해 많은 에너지가 들어오고 나간다. 코로 3~4초 동안 숨을 들이마신다. 숨을 들이마시면서 가슴이 확장되는 것을 느끼고 편안한 정도까지 숨을 멈춘다. 그런 다음 입을 통해 최대한 부드럽게 숨을 내쉰다. 4~6초 동안 숨을 내쉬면서 흉곽이 이완되는 것을 느껴본다. 이렇게 3~4초 동안 숨을 들이마시고 편안한 정도까지 멈추었다가 4~6초 동안 내쉬기를 5~10회 반복한다. 가슴 중앙에 집중하면 내쉬는 숨의 끝 무렵에 부드럽고 따뜻한 에너지가 가슴의 긴장을 녹이는 느낌이 들 것이다.

가슴과 어깨의 긴장이 풀리기 시작했으니 이제 조금 더 깊이 들어가보자. 2단계 윗배호흡에서는 명치와 배꼽의 중간 지점(중완혈, 위가 위치해 있는 부위)에 집중한다. 1단계와 마찬가지로 코로 3~4초 동안 숨을 들이마시고, 입으로 4~6초 동안 부드럽게 숨을 내쉰다. 배꼽 위쪽의 윗배를 이완하는 데 집중한다. 윗배에 집중하는 것이 낯설게 느껴질 수 있는데 연습하면 차츰 익숙해진다. 위는 스트레스, 정신 건강과 밀접한 관련이 있다. 긴장하거나 불안할 때 속이 더부룩하고 울렁거리는 경험을 해봤을 것이다. 위가 풀리고 가벼워지는 것을 상상하며 5~10회 호흡한다.

3단계 아랫배호흡에서는 우리 몸의 에너지 센터인 단전으로 호흡한다. 이 단계에서 진짜 호흡의 마법이 일어난다. 가슴호흡과 같은 방법으로 하되 가능하면 입을 사용하지 않고 코로만 숨을 쉰다. 아랫배에 의식을 집중하여 서서히 아랫배를 내밀면서 숨을 들이마신다. 숨을 충분히 들이마신 후에는 잠시 동안 숨을 멈추었다가 아랫배를 충분히 끌어당기며 충분히 내쉰다. 편안한 정도로만 숨을 멈추어야지 가슴이 답답하고 얼굴이 붉어질 때까지 숨을 참아서는 안 된다. 숨을 들이마시면서 아랫배를 내밀고, 숨을 내쉬면서 아랫배를 당기는 동작을 천천히 반복한다. 자신에게 가장 편안한 속도로 하되, 아랫배를 밀고 당길 때 일정하고 리듬감 있게 한다.

　몸과 마음이 편안한 상태에서 들숨과 날숨이 자연스럽게 이어진다. 숨을 충분히 들이마시면 저절로 내쉬어지고 또 충분히 내쉬면 저절로 숨이 들어온다. 에너지 감각을 터득하면 호흡을 통해 단전에 에너지가 쌓이면서 아랫배가 따뜻해지고 기분 좋은 충만감이 느껴진다.

　3단계 호흡을 할 때 초보자들은 각각 가슴, 윗배, 아랫배 위에 손을 얹고 하면 좋다. 손을 통해 호흡과 함께 각 신체 부위가 올라갔다 내려갔다 하는 리듬을 느끼면 집중하는 데 도움이 된다. 가슴호흡과 윗배호흡은 골프 코스에서 몸과 마음을 이완하고 긴장과 불안을 해소하는 데 좋다. 아랫배에 집중하면서 하는 단전호흡은 이완에 도움이 될 뿐만 아니라 꾸준히 연습하면 아랫배에 강력한 에너지의 중심이 형성된다. 에너지를 느끼며 단전호흡을 하면 몸속에서 휴식하며 동시에 에너지를 충전할 수 있다. 스윙에 힘과 균형을 더해줄 수 있는 호흡법이다.

호호호 흡흡흡,
숨을 세 번에 나눠 쉬어라

경기가 잘 안 풀리는 홀에서는 자기도 모르게 짜증이 나고 다음 홀로 이동할 때도 방금 전에 워터해저드에 빠뜨린 공이나 어이없게 놓친 1미터 퍼트 생각이 머릿속에 가득하기 쉽다. 그럴 때 유용한 호흡을 소개하겠다. 골프 코스에서 자신의 티오프 차례를 기다릴 때나 홀과 홀 사이를 이동할 때 해보자.

호호호 흡흡흡, 숨을 세 번에 걸쳐 들이마시고 세 번에 걸쳐 내쉬는 것이다. 이렇게 하면 한 번에 하는 것보다 더 많은 양의 숨을 들이마시고 내쉴 수 있다. 낙마 사고를 당했을 때 숨이 딱 멈춘 상태에서 아주 천천히 조금씩 여러 번 숨을 나누어 내쉬었던 경험을 바탕으로 한 호흡법이다.

한 번, 두 번, 세 번에 걸쳐서 폐에 공기를 가득 채운다는 느낌으로

들이마시고 잠시 멈추어 가슴이 확장되는 느낌에 집중한다. 내쉴 때는 폐 속의 공기를 세 번에 나누어 완전히 내보낸다는 느낌으로 내쉰다. 들이마실 때는 충만함을, 내쉴 때는 시원함을 느낄 수 있다. 5~10회만 반복해도 뇌파가 떨어지고 마음이 안정된다. 골프뿐만 아니라 다른 스포츠 경기를 할 때나 일상의 스트레스 상황에서도 빠른 시간 안에 마음을 안정시킬 수 있는 호흡법이다.

잠자는 호랑이 자세로
5분간 호흡한다

필드에 나가지 않을 때 집에서 호흡의 질을 향상시키기 위해 할 수
있는 강력한 방법을 소개한다. 일명 '잠자는 호랑이 자세' 호흡법이
다. 미국인들에게 이 자세를 처음 소개했을 때 누군가 호랑이가 잠결
에 발을 허공에 들어 올리고 있는 것 같다고 농담한 것이 계기가 되
어 애칭으로 부르다가 공식 이름이 되었다. 특정한 자세를 유지하면
서 호흡하는 것인데, 호흡을 할 때 사용하는 근육을 튼튼하게 하고 코
어 근육을 키워준다. 머리를 맑게 하고, 아랫배를 따뜻하게 하며, 집
중력과 지구력을 키워주는 등 다양한 효과가 있다.

　조용하고 편안한 공간에서 연습하는 것이 좋다. 카펫이 깔린 바닥
이나 두꺼운 매트 위에서 한다. 바닥에 등을 대고 누워 무릎을 구부린
채 팔다리를 들어 올린다. 팔은 어깨와 수직이 되게 하고, 두 손을 펴

서 손바닥이 하늘을 향하게 한다. 발목은 무릎보다 높게 들어 올리고 안쪽으로 꺾어서 발가락이 몸 쪽을 향하게 한다. 이 상태로 허리가 바닥에 닿게 해서 편안하게 호흡한다. 잠자는 호랑이 자세를 취하면 아랫배의 단전 부위에 가벼운 압력감이 느껴진다.

자세 자체는 어렵지 않지만 오랫동안 유지하려면 인내와 연습이 필요하다. 잠자는 호랑이 자세를 몇 분이나 유지할 수 있겠는가? 대부분은 3~5분을 버티지 못한다. 자세를 취하면 처음에는 다리, 등, 어깨와 같은 큰 근육(겉근육)에 힘이 들어가고 경직되는 것이 느껴질 것이다. 자세를 오래 유지하려면 몸의 큰 근육들을 의식적으로 이완하고 호흡과 코어 근육(속근육) 활용법을 배워야 한다.

TV에서 보는 프로와 일반 플레이어의 주요 차이점 중 하나는 스윙의 안정성이다. 클럽 헤드를 시속 120킬로미터로 움직이려면 균형감각이 매우 좋아야 한다. 그렇지 않으면 스트레이트 샷을 하는 것은 사실상 불가능하다. 사실 프로들도 이를 어려워한다. 잠자는 호랑이 자세는 코어 근육을 강화하고 아랫배에 강력한 에너지 중심을 만들어 더 안정적인 스윙을 하도록 도와준다.

잠자는 호랑이 자세는 골퍼의 체력 상태, 몸의 좌우 균형, 정신력의 강도를 측정할 수 있는 지표다. 이 동작으로 자기 몸의 어디가 약한지, 신체의 좌우 균형이 얼마나 깨졌는지를 스스로 점검할 수 있다. 가능하면 잠자는 호랑이 자세를 5분 정도 유지해보자. 2~3분 정도 지나면 복부와 팔다리가 덜덜덜 떨리기 시작할 것이다. 그 진동은 큰 근육이 피로해졌고 이제 호흡과 코어 근육이 깨어날 기회라는 신호다. 그러니 포기하지 말고 계속 자세를 유지한다. 허리를 바닥에 편안하게 내려놓은 채 온몸에 힘을 빼고 자연스럽게 호흡한다. 더 익숙해지면 꼬리뼈를 말아 올려서 허리와 바닥 사이에 빈 공간이 없이 완전히 닿게 한 채 호흡해보자.

이 자세를 통해서 아랫배에 중심을 잡는 감각을 확실하게 키울 수 있다. 몸이 이완되고 힘이 붙으며 기운이 난다. 균형 감각이 좋아지고 호흡이 훨씬 깊어진다. 꾸준히 연습하면 더 부드럽고 균형 잡힌 스윙을 하는 데 도움이 될뿐더러 더 빠른 속도, 파워, 컨트롤로 이어질 수도 있다.

이 자세를 5분간 유지하는 것은 육체적으로도 정신적으로도 도전이다. 힘이 들어 팔다리를 당장 내려놓고 싶은 마음이 굴뚝같을 것이다. 그런 자신의 마음을 담담하게 바라보며 자신이 정해놓은 한계를 넘으려는 의지를 내야만 잠자는 호랑이 자세를 유지할 수 있다.

골프 코스에서 스트레스 상황이 닥쳤을 때 있는 그대로 수용하고 차분하게 대응하기보다는 부인하거나 피하고 싶을 때가 얼마나 많은가? 잠자는 호랑이 자세로 몸을 단련함으로써 의지력을 키울 수 있다. 마음도 근육처럼 단련하면 강해진다. 처음에는 자세를 유지하는 것만도 벅차서 호흡까지 신경을 쓰기 어려울 수 있다. 어느 정도 자세에 익숙해지면 깊이 호흡할 수 있게 되고, 나중에는 마치 자신의 힘이 아니라 우주의 힘이 몸을 지탱해주는 느낌을 받는다. 평소에 잠자는 호랑이 자세를 연습해두면 골프 코스에서 훨씬 깊고 편하고 자연스럽게 호흡할 수 있다.

의식적인 호흡으로
생명을 조율하고 보살핀다

지금껏 소개한 여러 호흡법에서 가장 중요한 것은 호흡을 '의식적'으로 한다는 것이다. 평상시에는 뇌가 알아서 호흡을 하지만 지금은 뇌에게 '내가' 호흡을 하고 있다는 신호를 주는 것이다. 숨이 저절로 쉬어지는 것이 아니라 내가 숨을 의식적으로 쉬는 것이다. 마치 스스로에게 인공호흡을 하고 있다는 느낌으로 한 호흡 한 호흡 정성을 들인다. 내가 의식적으로 숨을 쉬어주지 않으면 내 몸이 숨을 못 쉴 것처럼 정성을 다해보는 것이다.

내 몸을 사랑하는 최고의 행위가 숨 쉬는 것이다. 호흡을 통해서 자기 자신과 소통하고, 자신의 감정을 조절하고, 스스로에게 자신감을 줄 수 있다. 골프 게임에 도움을 줄 수 있는 호흡법은 아주 많다. 최고의 호흡법이 따로 있는 것이 아니다. 자신에게 가장 도움이 되는 것이 최고의 호흡법이다. 몸으로 체험해보면서 자신에게 가장 잘 맞는 호흡법을 찾아보자.

우리는 호흡을 통해 생명을 조율하고 보살필 수 있다. 숨을 들이마시고 내쉬며 아무런 대가도 바라지 않고 우리 생명을 지탱해주는 자연에 대한 고마움을 느껴보자. 의식적으로 호흡하는 시간이 늘수록 평정심을 유지하는 시간이 늘고, 다른 사람을 배려하고 자연을 아끼는 마음도 커진다.

호흡을 통해 실패를 받아들이는 법을 배우다

코트니 린돕 Courtney Lindop

35세, 여, 구력 3년

내 부모님은 골프의 본고장인 스코틀랜드 출신이다. 어려서부터 내 주위에는 늘 골프가 함께했지만 딱히 골프를 하고 싶다는 생각이 들지 않았다. 불안장애와 우울증이 있었기 때문에 스포츠를 한다는 생각 자체만으로도 압박감을 느끼곤 했다.

부모님은 골프를 같이 하자고 계속 권유했는데 그때마다 이 핑계 저 핑계를 대며 거절했다. 명상과 호흡 수련을 시작한 이후 불안감과 긴장감을 다스리는 법을 배우면서 골프가 재미있을 수도 있겠다는 생각을 하게 되었고 마침내 클럽을 잡았다.

의식적인 호흡을 통해 내 인생에서 처음으로 편안함이 지속되는 것을 느꼈다. 가슴과 등, 명치 부위에 내가 얼마나 많은 긴장을 쌓아두고 있는지 알게 되었다. 호흡을 더 편하고 쉽게 하면서 몸에 힘과 에너지가 차오르는 것이 느껴졌고, 내 몸의 움직임도 더 잘 자각할 수 있게 되었다. 그 전에는 새로운 활동을 시작할 때마다 왠지 모를 어색함이 있었는데 호흡 수련과 골프를 병행하면서부터는 뭐든지 빠르고 자연스럽게 배운다는 칭찬을 많이 듣는다.

호흡은 내게 평정심과 자신감, 집중력을 가져다주었다. 새로운 도전이 편안한 것만은 아니지만 그에 맞설 만큼 힘도 생겼다. 불안을 극복하는 방법 중의 하나는 실패를 삶의 일부로 받아들이고 관대해지는 것이다. 내 골프는 실패로 가득 차 있다. 과거의 나는 좋은 결과를 얻기 전에 오는 실패를 오래 견딜 만한 인내심이 없었다. 그만큼 빨리 포기했을 것이다.

지금은 골프의 기복起伏을 수용하며 게임을 즐기고 있다. 골프가 계속 향상되고 있기 때문에 희망과 자신감을 갖게 되었다. 호흡 수련을 통해 골프 실력이 향상되었다면 이를 내 삶에 적용해도 좋은 결과를 볼 수 있으리라 생각한다.

호흡은 감정에 반응하는 대신 감정을 지켜볼 수 있도록 마음의 공간을 만들어주었다. 그 작은 공간이 한 번 실수했다고 해서 부정적인 생각의 늪으로 빠지지 않도록 나를 붙들어준다. 실수 때문에 잠시 민감해졌다가도 바로 그 마음을 놓아버리고 다음으로 나아갈 수 있는 힘을 준다. 골프 초보자부터 프로에 이르기까지 누구나 호흡을 통해 자신의 기량을 향상시킬 수 있다고 생각한다.

이완된 집중으로
몰입감을 높여라

골프 경험 전체를
명상으로 만들어라

골프는 그 자체로 이미 훌륭한 명상이다. 일상적인 시간과 공간을 벗어나 골프 코스에서 한 샷 한 샷에 집중하는 것, 원하는 대로 잘 되지 않는 스윙을 돌아보며 어떻게 개선할까를 생각하는 것, 이런 모든 것을 다 명상이라 할 수 있다. 자극에 대한 즉각적인 반응을 멈추고 마음을 스스로에게 돌려서 자신을 보는 것이 명상의 핵심이기 때문이다. 우리가 골프에 매력을 느끼는 이유 중 하나는 골프에 자기 성찰과 명상의 요소가 있기 때문이다.

골프 코스에서 몰입도를 높여주고 평정심을 유지하며 집중력을 기르는 데 도움이 되는 기능적인 명상을 몇 가지 소개할 것이다. 하지만 나는 당신이 골프 경험 전체를 명상으로 만들었으면 좋겠다. 이를 위해 어떤 특별한 기술이 필요한 것은 아니다. 밝은 의식으로 골프 경험을 비추어보면 된다.

명상은 생명현상과 삶의 경험을 생각이나 감정, 관념의 필터 없이 있는 그대로 주시하는 것이다. 숨 쉬고, 밥 먹고, 잠자고, 배설하고, 일하고, 노는 것 그리고 생각, 감정, 말, 행동, 습관들을 의식의 빛으로 비추어보는 것이다.

첫 홀에서의 긴장과 불안을 해소하기 위해서든, 도전이나 실수의 순간에 평정심을 잃지 않기 위해서든, 어떤 이유와 어떤 방법으로 명상을 하든, 명상은 결국 당신 뇌 안에 있는 '나를 보는 나', 당신의 의식과 그 의식의 자각 능력을 활용하는 것이다.

최고의 골프 코치는
내 뇌다

훌륭한 운동선수나 음악가들은 '예기-관찰-성찰'의 사이클을 통해 자신의 퍼포먼스를 향상시키고 때로는 예술의 경지까지 끌어올린다. 이를 골프 경험에 적용하면 골프 경험 전체가 명상이 될 수 있다.

예기豫期는 '어떻게 할 것인가'라는 질문을 가지고 자신이 할 스윙과 그날의 골프 게임을 상상 속에서 완전하게 펼쳐보는 것이다. 자신의 표정, 몸짓, 느낌까지 생생하게 상상해본다. 뇌를 이렇게 준비시키면 두려움과 긴장이 줄어들고, 기대감과 자신감으로 티잉 그라운드에 서는 데 도움이 된다.

실제 골프 경기를 할 때는 스스로를 관찰한다. 본인이 경기를 펼치는 플레이어이면서 동시에 관찰자가 되는 것이다. '잘한다, 못한다' 하는 어떤 판단 없이 그저 주의 깊고 열린 마음으로 자신이 어떻게 골프를 하고 있는지, 지금 여기에서 무슨 일이 일어나고 있는지 호기심을 가지고 관찰하는 것이다.

경기가 끝나면 게임을 재연해보며 성찰하는 시간을 갖는다. 보통 프로 바둑 기사들은 대국을 마치고 나면 결과에 상관없이 복기復碁라는 것을 한다. 혼자서 자기 역할도 하고 상대편 역할도 하면서 전체 게임을 재연해보는 것이다. 이런 과정을 통해 이전에 못 보았던 새로운 수에 대한 통찰을 얻는다. 이 통찰은 다음 대국에서 더 좋은 선택을 할 수 있는 지혜의 원천이 된다.

라운딩을 마친 날에는 '어떤 다른 방법이 가능했을까'라는 질문을 가지고 상상 속에서 자신의 게임을 돌아본다. 연습할 때는 그때 얻은 자각이나 통찰을 적용해본다. 뇌가 자신이 한 퍼포먼스를 선명하게 기억할 때 성찰하며 연습하는 한 시간은 보통 연습의 열 시간 이상의 효과가 있다. 이때는 자신에 대한 자책이나 후회, 우쭐함 등으로 닫힌 마음이 아니라 새로움을 볼 수 있는 열린 마음이 필요하다.

라운딩을 할 때마다 예기-관찰-성찰을 하는 사람과 경기 전에는 안절부절못하면서 시간을 보내고, 경기 중에는 정신이 없어서 뭘 어떻게 했는지도 모르고, 하고 난 뒤에는 끝났으니 잊어버리자며 다시는 생각도 안 하는 사람이 똑같이 10년간 골프를 했다고 치자. 그동안 두 사람 사이에는 얼마만큼이나 차이가 벌어져 있을까.

예기-관찰-성찰의 사이클을 적용하면 골프 경험 전체를 훌륭한 명상으로 만들 수 있고, 관조적 명상과 창조적 명상을 둘 다 활용할 수 있다. 관조적 명상은 마음을 가라앉히고 주의 깊게 살피면서 지금 이 순간에 실제로 무슨 일이 일어나는지를 지켜보는 것이다. 창조적 명상은 말 그대로 새로운 창조를 위한 영감과 통찰, 자신감을 얻기 위해서 하는 것이다. 예기-관찰-성찰을 통해 마음을 편안하게 이완해 주는 명상뿐 아니라 문제점을 발견하고 해결하는 명상도 할 수 있다.

이러한 과정을 통해서 자각 능력과 창조력이 길러지고, 자신만의 골프 철학이 생기면, 골프가 스포츠를 넘어 수행이 되어간다. 이런 경험은 골프뿐만 아니라 삶의 다른 영역에서도 힘을 발휘하기 시작한다. 설거지를 하고 방바닥을 닦는 것, 강아지를 목욕시키는 것, 꽃밭에 물을 주는 것도 뭔가 다르게, 조금이라도 더 낫게 마음을 기울이며 정성을 들여서 할 수 있다.

모든 생명현상과 인간의 경험 중심에는 뇌가 있다. 골프에서 명상이란 뇌의 작용인 의식으로 자신의 골프를 환하게 비춰보는 것이다. 성공적이고 기분 좋은 체험뿐만 아니라 고통스러운 실패의 체험까지 담담하게 비춰보며 스스로 질문하고 답을 찾아가는 것이다. 다른 모든 체험과 마찬가지로 골프에서 자신에게 닥친 문제를 해결하고 답을 찾기 위해서는 결국 자신의 몸과 뇌에 의지할 수밖에 없다. 전문가의 조언과 도움을 받을 수 있지만 자신의 몸으로 체험하고 자신의 뇌로 깨닫지 않으면 아무런 의미가 없다. 골프에서 최고의 스승은 자신의 몸과 뇌다. 명상은 자신의 몸과 뇌의 지혜로 통하는 문이다.

집착하지 말고
집중하라

골프를 잘 하려면 집중해야 한다는 것은 모두가 잘 알고 있다. 그런데 집중하고 있다고 생각하는 순간조차 사실은 집착하고 있을 때가 많다. 집중과 집착은 무엇인가에 의식을 모으고 있다는 점에서는 같다. 다른 점은 집중할 때는 의식이 목표를 향하고, 집착할 때는 욕심을 향한다는 것이다. 집중하면 감정이 사라지고 집착하면 감정이 따라온다. 제대로 집중하면 집착이 들어설 여지가 없다. 집착이 있으면 그 집착에 따라오는 감정들 때문에 집중이 쉽지 않다. 그래서 집중과 집착을 구별하는 방법 중 하나는 자신의 마음이 안정되어 있는지를 살펴보는 것이다.

프리샷 루틴preshot routine을 하며 스윙에 온전하게 집중할 때는 마음이 안정되어 있고 편안하다. 하지만 공을 멀리 보내려는 생각에 집착하고 있을 때는 마음이 조급해지고 불안해진다. 불안과 조급함은 스윙을 흔들리게 하고 자신의 스윙 궤도에서 벗어나게 한다.

집중하되 집착하지 않음으로써 더 좋은 샷을 날릴 수 있다. 샷을 완료한 후에는 집중을 놓음으로써 완전히 이완할 수 있다. 또한 방금 한 샷의 경험을 집착 없이 되돌아봄으로써 더 많은 것을 배울 수 있다. 빗맞은 샷과 그 샷으로 놓친 게임에 대해 두고두고 애통해 하는 것은 하루 빨리 버려야 할 집착이다. 그 집착이 다음 샷에 집중하지 못하게 방해하기 때문이다.

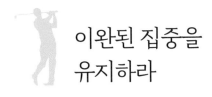

이완된 집중을
유지하라

구력이 10년 이상 된 골퍼들에게 플레이 중 몰입감을 느꼈을 때의
상태를 얘기해보라고 하면 이렇게들 말한다. "아무 생각이 없었다."
"시간이 멈춘 것 같았다." "주변의 모든 것이 정지된 것 같았다."
"골프장에 나 혼자 있는 것 같았고 주위 사람들이 전혀 의식되지 않
았다."

무언가를 할 때 생각, 감정, 행동이 조화를 이루며 최상의 결과를
만들어내는 몰입의 상태를 흔히 '존zone에 들어갔다'라고 표현한다.
운동선수, 예술가, 음악가, 공연가들 사이에서 널리 알려진 개념이다.
존에 들어간다는 것은 '이완된 집중'을 유지하는 일종의 명상 상태와
도 통한다.

보통 집중해 있을 때는 긴장하고, 긴장이 풀렸을 때는 의식이 이리

저리 떠돌게 되니 이완된 집중이라는 말은 언뜻 모순되어 보인다. 하지만 골프에서 몰입을 하려면 긴장이 풀려 있으면서도 의식이 한 곳에 머물러 있는 명료한 상태라야 한다. 자연스러운 움직임이 이루어지도록 마음을 비움과 동시에 움직임을 주의 깊게 주시하는 상태가 바로 이완된 집중이다.

우리의 주의집중력은 지극히 한정되어 있다. 근육의 힘을 장시간 사용하면 근육통이 생기고 피로한 것처럼, 집중력도 일정 시간 이상 유지하면 뇌신경이 피로해진다. 우리가 흔히 하는 집중은 자극에 대한 집중이다. 그래서 평소에 어떤 사물이나 일에 오랫동안 집중하면 긴장과 피로를 느낀다.

이에 반해 명상은 '비어 있음, 고요함, 자극 없음'에 대한 집중이다. 그래서 집중하지만 신경이 피로해지지 않고 이완되며 오히려 휴식을 준다. 이 상태에 있을 때는 뇌파가 안정되며 편안함, 충만함, 행복감이 고조된다.

골프에서 몰입 상태를 묘사하는 말들은 에너지를 느끼고 있을 때의 느낌과 놀랄 만큼 흡사하다. 에너지를 느낄 때는 시간이 느리게 흐르는 것 같고, 공간이 무한히 확장되는 느낌이 들며, 자기 자신과 주위의 경계가 없어지고 하나가 된 것 같은 일체감을 느낀다. 에너지를 느끼는 것 자체가 이미 명상이다.

에너지 감각을 통해서 이완된 집중이 무엇인지 느낄 수 있다. 마음의 집중도에 따라 에너지의 밀도와 방향이 달라지는 것을 섬세하게 감지할 수 있다. 이 느낌을 유지하면서 골프를 하면 집중력과 순간 몰입도가 월등하게 향상되고 몸과 마음을 훨씬 더 잘 제어할 수 있다.

에너지가 가는 곳에
골프공이 간다

골프에서 몰입과 집중을 위해 활용할 수 있는 에너지 원리가 있다. '마음이 가는 곳에 에너지가 간다', 한자로는 심기혈정心氣血精이라 한다. 마음(心)이 가는 곳에 에너지(氣)가 흐르고 혈액(血)이 흘러 몸과 물질(精)의 변화를 만들어낸다는 뜻이다. 이 원리의 핵심은 우리의 의식과 마음이 에너지를 움직이고 현상을 창조하는 실체라는 것이다. 이를 골프에 적용하면 마음이 가는 곳에 에너지가 가고, 에너지가 가는 곳에 골프공이 간다고 표현할 수 있다.

약하고 산만한 마음은 약하고 산만한 에너지를 만들어내고, 강하고 집중된 마음은 강하고 집중된 에너지를 만들어낸다. 마음이 평정을 찾고 에너지를 모아 목표에 집중하면 골프의 결과도 좋다. 반대로 마음이 흩어지면 에너지도 흩어지며 몸도 따라서 산만해진다. 1밀리의 차이가 버디냐 보기냐를 결정할 수 있는 골프 스윙과 같은 섬세한 움직임에서는 적절한 동작에 주의를 집중할 수 있는 능력이 매우 중요하다.

아무리 집중의 고수라도 보통 네댓 시간이 걸리는 골프 라운딩 동안 동일하게 주의력을 집중할 수는 없다. 샷을 하는 30~40초 동안 몰입했다가 빠져나오고 자신의 차례가 되면 다시 순간적으로 몰입해야 한다. 동반자와 농담을 하며 웃다가도 공이 가까워지면 자신만의 프리샷 루틴을 시작하면서 순간적으로 몰입하는 감각을 가져야 한다. 재빨리 지금 여기로 돌아오는 감각을 회복해야 하는 것이다. 골프는 오직 '지금 이 순간'에만 할 수 있다. 방금 전 샷, 다음 홀에서 구사할 샷에 마음을 파는 순간, 지금 샷을 잃게 된다.

에너지 장에서 소개한 '에너지 느끼기(73~74쪽 참조)'를 해보자. '마음이 가는 곳에 에너지가 간다'라는 것을 실감나게 느낄 수 있다. 마음을 손에 집중하면 손에서 기가 느껴지고, 가슴이나 복부에 집중하면 그곳에서 기가 느껴진다. 마치 바람이 불면 그 방향대로 풀이 눕듯이 마음을 쓰는 대로 에너지가 움직인다. 자신의 집중이 즉각적인 몸의 변화로 전환되기 때문에 집중력을 기르는 데 매우 효과적이다.

처음에는 손을 움직이면서 에너지를 느끼지만 꾸준히 연습해서 익숙해지면 몸을 움직이지 않고도 에너지 감각을 유지할 수 있다. 스윙, 어드레스, 퍼트를 포함해 골프 코스에서 하는 모든 동작은 에너지를 느끼면서 하면 훨씬 더 섬세하게 제어와 조절이 가능하다. 에너지 감각을 유지하는 것만으로도 골프 코스에서의 긴장감과 불안감을 누그러뜨릴 수 있다. 또한 마음을 집중해 골프공에 강력한 에너지를 실을 수 있다.

브레인스크린을 펼치고
상상하라

뇌는 상상과 현실을 구분하지 못한다. 상상은 단지 머릿속에서만 일어나는 것이 아니라 우리 몸에 물리적인 변화를 일으킨다. 신 레몬을 먹는다고 상상하면 입에서 침이 나오고 자기도 모르게 눈살이 찌푸려진다. 그리고 실제로 신 것을 먹었을 때 활성화하는 뇌의 부위가 똑같이 활성화한다. 상상만으로도 눈물이나 웃음이 나올 수 있고, 심장이 두근거릴 수도, 몸에 소름이 돋을 수도 있다. 이러한 원리를 활용한 시각화나 이미지트레이닝은 골프뿐만 아니라 거의 모든 스포츠에서 적극적으로 활용하고 있다.

조지 홀George Hall이라는 미 공군 대령은 베트남전에서 포로가 되어 7년 반이라는 긴 시간 동안 포로수용소에 갇혀 있었다. 골프광이었던 그는 매일 상상 속에서 18홀을 돌았다. 얼마나 생생하게 상상을 했는지 나중에는 자신의 스윙 동작과 공까지 마음먹은 대로 제어할 수 있었다. 그는 귀환하여 3주 만에 참가한 골프대회에서 76타를 쳐서 많은 사람들을 놀라게 했다. 경기가 끝나고 진행된 인터뷰에서 "첫 경기여서 운이 좋았나 보죠?"라고 한 기자가 물었다. 그러자 홀 대령이 정색하며 대답했다. "운이라뇨. 나는 지난 5년 동안 단 한 번도 쓰리퍼트를 해본 적이 없습니다."

앞서 말한 예기-관찰-성찰의 사이클에서 예기를 할 때 사용하는 것이 상상이다. 이 상상에 에너지 감각을 결합한 '브레인스크린 명상'을 소개하겠다.

먼저 앞에서 소개한 '에너지 느끼기' 명상을 한다. 가슴 앞에서 양 손바닥을 천천히 모았다가 벌리는 동작을 반복하며 에너지를 느낀다. 에너지의 느낌을 손에서 팔로, 온몸으로 확장해본다. 에너지의 흐름과 연결된 느낌을 계속 유지하면서 양손을 이마 높이까지 들어 올린다. 에너지가 뇌 속으로 흐르고, 척추를 타고 온몸으로 퍼지는 것을 느낀다. 자신의 뇌 속에서 무한한 의식의 공간이 펼쳐지는 것을 느낀다. 이 공간이 브레인스크린이다.

브레인스크린에서 자신이 창조하고 싶은 골프 게임을 최대한 구체적으로 상상한다. 스윙 궤도, 임팩트 순간 손과 몸에 전해지는 진동, 경쾌한 타구음, '굿 샷' 하고 외치는 동반자들의 함성, 가슴 가득 차오르는 기쁨까지. 모든 감각을 동원해 감정까지 생생하게 느껴본다.

상상과 동시에 에너지의 느낌을 타고 손을 머리 주위에서 자유롭게 움직인다. 에너지를 통해 골프 게임을 더욱더 구체적으로 느낄 수 있다. 손과 에너지가 서로 어우러져 움직이면서 때로는 둘 사이의 구분이 사라지는 느낌이 들기도 한다. 에너지가 손을 움직이는 것인지 손이 에너지를 움직이는 것인지 모를 정도로 경계가 사라진다. 모든 것이 조화로운 에너지의 흐름 속에서 하나가 된다. 어떤 의도를 갖는 순간 몸이 의도를 앞서간다 싶을 정도로 금방 움직여지는 느낌이 든다. 이렇게 역동적으로 주고받는 동안 분리감이 사라지고 상상 속의 골프 게임에 완전히 몰입할 수 있다.

익숙해지면 손을 움직이거나 눈을 감지 않고도 에너지의 느낌을 유지하며 브레인스크린 명상을 할 수 있다. 평소에 연습해두면 골프 코스에서 프리샷 루틴의 하나로 활용할 수 있다.

어드레스를 할 때 에너지 감각을 유지한 채 공을 보며 어떤 공을 칠지 빠르게 결정한다. 브레인스크린에서 공이 나가는 궤적과 공이 페어웨이로 떨어져 중앙으로 굴러가는 모습을 그린 후 자신감 있게 스윙한다.

미국의 스포츠 심리학자이자 멘탈 게임 컨설턴트인 데이비드 쿡David Cook은 골퍼들 사이에 "보고, 느끼고, 믿어라"라는 말을 유행시켰다. 많은 골퍼들이 보는 것, 즉 상상은 할 수 있겠는데 느끼는 것이 도무지 안 된다고 하소연한다. 머릿속의 상상이 몸의 느낌으로 전환되지 않는 것이다. 느낌이 없으면 자신감이 생기지 않는다. 결과에 대한 확신과 느낌 없이 샷을 하면 열에 아홉은 상상한 대로 되지 않는다.

마음이 가는 곳에 에너지가 간다. 에너지가 가는 곳에 골프공이 간다. 상상이든 실제든 에너지 감각을 활용하여 골프 게임에 생생한 느낌을 불어넣어보자.

흔들흔들 움직이면
명상이 된다

명상이라고 하면 흔히 눈을 감고 가만히 앉아 있는 것을 연상하지만 움직이면서도 명상을 할 수 있다. 동적인 명상도 정적인 명상만큼, 아니 그 이상 효과적이다.

가장 간단한 형태의 동적인 명상은 서거나 앉거나 누운 자세에서 몸을 흔들흔들 움직이는 것이다. 단순한 동작을 리듬감 있게 반복하면서 몸에 가벼운 진동을 주면 1분 안에 명상 상태로 들어갈 수 있다.

쉼 없는 생각을 잠잠하게 하고 의식을 몸으로 불러오는 데는 반복적인 진동이 매우 효과적이다. 아기를 재울 때 요람을 흔들거나 아기를 안고 위아래로 어른다. 아기의 배나 등을 손바닥으로 토닥토닥 두드려주기도 한다. 이러한 반복적인 동작들은 몸에 가벼운 진동을 준다. 마음이 불안하고 초조할 때 자기도 모르게 다리를 떨거나 서성이는 것, 흔들의자에 앉아서 몸을 앞뒤로 움직이는 것도 몸에 진동을 일으켜서 긴장을 누그러뜨리고 마음을 안정시키는 데 도움이 된다. 우리 몸과 뇌는 가만히 있을 때보다 가벼운 진동을 반복할 때 더 잘 이완한다.

선 자세에서 발을 어깨너비로 벌리고 무릎을 약간 굽힌다. 목과 어깨의 힘을 빼고 허리를 편다. 팔 힘을 빼서 팔이 어깨에 편안하게 매

달려 있는 것을 느껴본다. 숨을 깊이 들이마시고 내쉰다. 다리에 반동을 주어 몸을 위아래로 가볍게 움직인다. 어깨와 팔을 리듬감 있게 움직인다. 허리와 다리 근육을 이완하되 반동을 줄 때 균형을 잃지 않도록 주의한다. 턱과 목 근육에도 진동이 전달되도록 한다. 의식을 발바닥에 두고 반동을 줄수록 몸의 무게가 발바닥까지 내려오는 것을 느껴본다.

자기 몸에 가장 편안한 속도와 강도로 움직이면 된다. 이렇게 반복적으로 진동하다보면 자기도 모르게 입으로 숨을 내쉬고 있는 것을 발견하게 될 것이다. 몸 안의 긴장과 스트레스를 내보낸다는 느낌으로 입으로 숨을 내쉰다.

3~5분 정도 이렇게 몸을 움직이면 몸이 더워지고 호흡이 깊어진다. 뻣뻣했던 관절과 근육이 풀어지고 생각이 잦아든다. 동작을 멈춘 후에는 편안하게 서서 잠시 몸을 느껴본다. 몸 안에 남아 있는 미세한 진동이 느껴질 것이다. 대부분의 사람들에게는 가만히 앉아서 명상하는 것보다 이렇게 움직이면서 명상하는 것이 더 효과적이다.

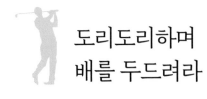

도리도리하며
배를 두드려라

진동을 활용한 또 다른 동적인 명상은 목을 좌우로 가볍게 흔들며 아랫배를 주먹으로 리듬감 있게 두드리는 동작을 반복하는 것이다. 이 명상법이 뇌파를 빠른 시간 안에 안정시켜주기 때문에 '뇌파진동腦波振動'이라 부른다.

스트레스를 받으면 목, 좀 더 정확히 말하면 두개골과 목뼈가 만나는 제1경추에서부터 긴장이 시작된다. 집게손가락을 양 귓구멍에 가볍게 대고 양손가락 사이를 잇는 선을 상상해보자. 그 다음에는 머리 꼭대기에서 수직으로 내려오는 선을 상상해보자. 두 개의 선이 만나는 곳이 경추 1번이다.

경추 1번이 긴장하면 목의 경동맥이 눌려 뇌로 가는 혈액 공급을 방해하기 때문에 머리가 묵직해지고 열이 난다. 여기서 시작된 긴장을 제때 풀어주지 않으면 목을 타고 내려가 목 전체가 뻐근해지고, 어깨와 척추로 내려가서 상반신 전체가 굳는다. 이러한 긴장을 가장 효과적으로 푸는 방법은 긴장이 처음 시작된 곳을 움직여주는 것이다.

경추의 긴장을 푸는 가장 단순하고 자연스러운 방법이 아기가 도리도리하듯 목을 살랑살랑 흔드는 것이다. 이와 동시에 살짝 쥔 양 주먹의 새끼손가락 쪽으로 아랫배를 가볍게 두드려준다. 이때 입으로 숨을 내쉰다. 3~5분 정도 반복한 후 멈추고 1~2분 정도 편안하게 호흡하며 자신의 몸을 느껴본다.

목의 긴장이 풀리면서 머리로 흐르는 혈액과 에너지 순환이 원활해져서 머리가 시원해진다. 아랫배에 리듬감 있는 자극을 줌으로써 아랫배가 따뜻해진다. 머리는 시원하고 아랫배는 따뜻한 최적의 에너지 균형 상태인 수승화강이 되면서 자연스럽게 이완된 집중 상태로 들어갈 수 있다. 뇌파진동을 한 후 브레인스크린을 열어 자신의 골프 게임을 상상하면 금상첨화다. 5~10분 정도면 두 가지 명상을 충분히 함께할 수 있다.

브레인명상으로 싱글 골퍼가 되다

민병근

48세, 남, 구력 9년

9년 전 직장 상사의 권유로 골프를 시작했다. 처음에는 생소하고 허리, 손목 등 여러 곳이 아프고 힘들었다. 왜 골프를 해야 하는지 의문이 생겼지만 사회생활에 필요한 운동이라 안 할 수도 없었다. 처음에는 다른 평범한 골퍼와 다를 바 없었다. 연습장에서 똑같은 동작으로 반복해서 연습하고 필드에 나가면 어떻게 해야 할지 몰라 당황했다. 스트레스도 받고 포기하고 싶을 때도 있었다.

3년쯤 지났을 때 단월드 수련을 하며 배운 브레인명상을 골프에 접목하기 시작했다. 골프 약속이 잡힌 전날 밤에는 잠들기 전에 발끝에 의식을 집중하고 발끝치기를 30분 정도 해서 온몸을 이완시킨 후, 단전과 허리를 강화하는 운동을 했다. 이후 잠시 눈을 감고 브레인명상을 통해 호흡을 하면서 내가 스윙하는 장면을 상상했다. 내 몸을 내가 마음대로 움직일 수 있고 조절할 수 있다는 마인드를 뇌 속에 심어주었다. 이렇게 하고 잠이 들면 숙면을 취할 수 있었고, 다음날 아주 가벼운 몸과 마음으로 필드에서 좋은 결과를 얻을 수 있었다.

브레인명상은 골프 게임을 하는 과정에도 많은 도움을 주었다. 골프는 자기 자신과의 멘탈 싸움이다. 상대에 따라서 내가 잘하고 못하고가 아니라 자기 자신에게 집중해야 한다. 선입견, 피해의식, 부정적인 마음을 가지고 골프를 하면 좋은 결과를 얻을 수 없다.

골프는 18홀을 거치면서 운동하는데 한 개 홀을 못했다고 끝나는 경기가 아니다. 이번 홀은 실수했지만 다음 홀은 잘할 수 있다는 믿음을 갖는 것이 중요하다. 이전 홀에서 실수한 기억에 사로잡혀서 부정적인 생각의 늪에 빠지면 다음 홀을 망치는 경우가 많다. 브레인명상을 통해 긍정적인 마인드로 이전 홀에서 실수한 기억을 지워버리고 빠르게 의식을 전환해 현재 홀에 집중할 수 있었다.

다음 샷을 위해 이동할 때는 장생보법으로 잔디를 한 발 한 발 밟으면서 몸의 긴장을 풀고 호흡을 조절했다. 클럽과 하나 될 수 있다는 믿음으로 샷을 하니 정확한 임팩트를 만들어서 내가 보내고자 하는 위치에 공을 보낼 수 있었다.

브레인명상을 통해서 스스로 내 가치를 높이고 무슨 일이든지 할 수 있다는 자신감을 갖게 되었다. 그 덕에 싱글을 달성할 수 있었고, 운이 좋아서 홀인원도 했다. 요즘은 아내와 주위 사람들에게 브레인명상을 활용한 골프를 가르쳐주고 있다. 내가 그 효과를 체험했고 주위의 골퍼들에게도 적용해보니 큰 효과가 있었다. 또한 동반자들과 행복한 에너지를 나눌 수 있었다. 브레인명상을 통해 골프를 더 잘하고 더 즐길 수 있게 되어서 행복하다.

기공으로
자신만의 스윙을
만들어라

처음이자 마지막으로
골프학교 경험

독학으로 골프를 하던 초기에 내게는 한 가지 고민이 있었다. 비거리가 잘 안 나왔다. 아마추어 여성 골퍼들도 200미터를 치는 이가 꽤 되는데 내 비거리는 150~170미터가 고작이었다.

드라이버 샷에서 고전하는 나를 보고 동반자가 훈수를 두었다. "몸통을 충분히 돌리지 않고 공만 딱딱 맞추는 히트볼을 치시네요. 그런 스윙으로는 평생 해도 비거리가 안 늡니다. 궤도가 큰 스윙으로 바꾸어야 할 것 같은데요."

그에게 등을 떠밀려 난생 처음 골프아카데미라는 곳에 등록했다. "거기 가면 골프 스윙을 어떻게 바꾸어야 할지 확실히 알 수 있습니다." 쳤다 하면 250미터는 기본인 그의 호언장담도 있었지만 내가 솔깃했던 이유는 그렉 노먼Greg Norman의 스윙 비기秘技를 가르치는 곳이었기 때문이다. 곧고 높게 멀리 가는 드라이버 샷과 공격적인 골프 스타일로 호주의 백상어라는 별명을 가진 선수가 아닌가.

내가 살던 미국 애리조나에서 플로리다에 위치한 그의 아카데미까지는 가는 데만 해도 꼬박 하루가 걸렸다. 골프 코치가 되려는 사람들이 주 대상이었지만 누구나 등록할 수 있었기 때문에 나 같은 보기 플레이어들도 여럿 되었다. 일주일 동안 그렉 노먼식 스윙의 기본과 벙커 샷 하는 법, 디봇에 빠진 공을 탈출시키는 법 등 다양한 기술을 배웠다.

강사는 내 스윙을 보더니 왼팔을 곧게 펴라고 지적했다. 왼팔을 쭉 펴야 스윙 궤도가 커지고 헤드 스피드에 가속이 붙어서 장타가 가능하다는 이론은 나도 익히 알고 있었다. 하지만 내 몸으로 실행하는 것은 몹시 어려웠다. 팔을 펴려고 하니 자세가 경직되고, 들어 올릴 때도 내려칠 때도 클럽이 두 배는 무겁게 느껴졌다. 겨우 팔을 펴서 스윙을 했다 싶으면 웬걸, 공이 멀리 날아가기는커녕 헤드 스피드가 더 떨어졌다. 어쩌다 좀 멀리 날아가도 공의 방향이 민망할 만큼 갈팡질팡했다.

코스를 마치고 돌아와서도 가능하면 팔을 펴려고 노력했다. 하지만 그럴수록 골프의 즐거움은 내게서 멀어져갔다. 하던 대로 치면 멀리는 안 나가도 똑바로는 날아갔다. 그런데 팔을 펴려고 하면 뒤땅에, 탑핑에 처음 클럽을 잡은 사람처럼 샷이 엉망이었다. '이걸 계속 해야 하나?' 나중에는 의욕마저 사라지는 듯했다. 결국 몇 달이 지나지 않아 예전의 폼으로 다시 돌아가고 말았다.

스윙을 바꾸는 것은 대수술이다. 프로선수들도 새로운 드라이버 샷을 몸에 익히는 데 1~2년이 걸린다고 한다. 나중에 스윙을 연구하며 깨달은 사실은 당시 내가 억지로 팔을 팽팽하게 펴려고 했기 때문에 양팔과 어깨, 목, 등까지 경직되고 그립을 강하게 잡아서 오히려 정확성과 헤드 스피드가 떨어졌다는 것이다. 핵심은 긴장하지 않은 이완된 상태로 팔을 늘어뜨리듯 펴는 것이었다. 그때 내가 이완의 중요성을 깨닫고 연습을 더 열심히 했더라면 스윙을 완전히 교정할 수 있었을까? 글쎄, 지금은 팔의 긴장을 풀고 이완한 채 스윙을 하지만 여전히 내 팔은 완전히 펴지지 않는다. 그래도 지금 이 자세가 내 몸에 더 잘 맞다고 생각한다.

환갑 무렵이 되었을 때 세도나는 내게 제2의 고향이나 다름없었다. 세도나의 아름다운 대자연은 집필이나 사업뿐 아니라 골프에서도 영감의 원천이었다. 골프가 내게 운동과 취미에서 본격적인 뇌 훈련과 수행의 수단이 된 것은 사실 이때부터였다. 이 무렵 내 스윙 폼을 다시 개선하기로 마음먹고 전보다 더 많은 시간과 에너지를 쓰기 시작했다.

뉴질랜드에 친환경 생활교육공동체인 얼스빌리지Earth Village 조성 사업을 시작하면서부터는 1년에 몇 차례씩 세도나와 뉴질랜드, 한국을 오가는 생활이 시작되었다. 이 시기에 주로 뉴질랜드와 세도나에서 몇 년에 걸쳐 몸통의 회전축이 더 큰 새로운 스윙을 연습하며 몸에 익혔다. 덕분에 드라이버 샷을 200미터 정도까지는 흔들리지 않고 할 수 있게 되었다. 그 이상을 욕심내면 몸의 중심이 흔들리고 공도 신경질을 부린다.

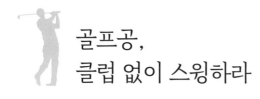

골프공,
클럽 없이 스윙하라

나는 독학 골퍼가 겪을 법한 모든 시행착오를 다 겪었다. 특히 스윙 궤도에 대한 이해가 전혀 없이 시작했기 때문에 처음에는 클럽을 있는 힘껏 내리쳐서 공을 맞추는 데만 집중했다. 오랫동안 몸 전체를 이용하지 않고 팔 힘으로 치는 골프를 했다. 그 과정에서 효과적이지 않은 스윙 동작이 몸에 배어 그 습관을 바꾸는 데 애를 먹었다. 골프를 시작한 지 20년이 넘어서야 내 몸에 맞고 게임도 향상시켜주는 내 스윙 궤도를 찾았다.

터득하고 보니 원리를 이해하고 열심히 연습하면 좋은 스윙의 기본은 한두 달 만에도 익힐 수 있겠다는 생각이 들었다. 골프 스윙의 핵심은 공을 때리는 것이 아니라 좋은 궤도를 만드는 것이다. 좋은 스윙 궤도를 만들면 공은 나가지 말라고 해도 나간다. 거리가 좀 나온다는 사람은 자기 스윙 궤도만큼 내는 것이다. 비거리에 욕심이 나서 자기 궤도를 벗어난 스윙을 하면 공이 엉뚱한 곳으로 날아간다. 자기 생각이나 감정에 휩쓸리지 않고 물리법칙을 따르는 골프 스윙의 궤도에 자신을 맞추어야 한다.

어떻게 하면 골프 스윙을 더 쉽게 익히고 나에게 맞는 스윙 리듬을 효과적으로 찾을 수 있을까? 이런 질문을 가지고 그동안의 시행착오를 돌아보며 고안한 것이 이제 소개할 골프 기체조와 골프 기공이다. 둘 다 골프공과 클럽 없이 몸만 있으면 된다. 연습할 때 공 없이 하는 빈 스윙은 많이들 하지만 클럽이나 다른 도구 없이 스윙 연습을 한다니 웬 뚱딴지 같은 소리인가 싶을 것이다.

공에 집중하면 욕심이 생기고 긴장하게 된다. 클럽을 잡으면 몸의 움직임보다는 클럽을 휘두르는 데 먼저 신경이 쓰인다. 그래서 골프공과 클럽 없이 스윙을 하며 몸의 움직임에만 온전하게 집중하는 연습이 필요하다.

초보자들의 경우 골프 기체조를 통해 몸을 충분히 이완하고 균형을 잡은 상태에서 스윙의 기본 움직임을 연습하면 좋은 골프 스윙을 만드는 데 도움이 될 것이다. 골프 스윙의 기본을 이미 터득한 골퍼라면 골프 기공을 통해 힘이 있으면서도 물 흐르듯 자연스럽고 부드러운 스윙, 자기 몸에 맞는 골프 리듬을 찾는 데 도움이 될 것이다.

골프 기체조로 이완하고 균형을 잡아라

흔히 힘 빼기 3년이라고 하는데 10년, 20년이 지나도 힘을 제대로 빼지 못하는 골퍼가 수두룩하다. 몸에 힘이 빠지지 않으면 움직일 부분과 움직이지 않아야 할 부분이 뒤죽박죽된다. 무게중심도 흔들리고 스윙 궤도가 흐트러져 임팩트를 제대로 할 수 없다.

골프 기체조는 근육과 인대를 밀고 당기며 몸의 긴장을 없애고 몸을 이완하는 감각을 기르는 데 큰 도움이 된다. 골프 스윙도 한쪽으로 반원을 그리며 끌었다가 반대쪽으로 원의 궤도를 그리며 밀어주는 운동이다. 원리가 크게 다르지 않다.

골프를 하지 않는 주위 사람들한테서 자주 듣는 말이 있다. "골프가 운동이 되나요? 카트 타고 조금 걷다가 가끔 공 한 번씩 치는 게 전부인데, 땀은 나나요?" 이런 말을 들으면 골퍼들은 피식 웃는다. 네댓 시간 동안 18홀을 도는 것은 육체적으로도 정신적으로도 강도 높은 에너지가 소모된다. 게다가 아마추어들이 필드에 나가서 치는 공은 80~110개 안팎이지만(그것도 숫자를 줄이는 것이 목표), 한 번의 라운딩을 위해 얼마나 많은 연습을 하는가. 사실 골프 코스에서보다 연습하면서 더 많은 운동을 한다.

골프장과 연습장을 자주 찾는 사람일수록 각별히 신경 써야 할 것이 있다. 흐트러진 몸의 균형을 바로잡는 것이다. 골프는 몸을 한쪽으로만 돌리기 때문에 목과 허리, 고관절에 무리가 가기 쉽다. 연습할 때도 스윙을 계속 한쪽 방향으로만 하면 몸의 불균형은 더 심해질 수밖에 없다. 의욕적으로 연습하다가 몸통을 무리하게 회전하는 바람에 갈빗대에 금이 간 사람을 본 적도 있다.

골프 기체조는 골프를 좀 더 건강하고 편안하고 즐겁게 하는 데 도움을 주기 위해서 15년 전에 만든 것인데, 그 이후 몇 차례 더 보완했다. 준비 동작 한 개, 본 동작 아홉 개, 마무리 동작 한 개, 총 열한 개의 동작으로 이루어져 있다. 골프 스윙에 쓰이는 몸통 회전, 허리 회전, 팔·어깨·다리의 움직임을 익히면서 동시에 근육과 관절을 이완하고 몸의 중심을 잡는 감각을 기르는 데 초점이 맞추어져 있다. 또한 반대 방향으로도 운동을 해줌으로써 부상을 막고 몸의 균형을 회복시켜준다. 연습장에 가서 먼저 골프 기체조로 몸을 충분히 푼 후에 클럽을 잡으면 좋다.

골프 기체조를 할 때는 다음 네 가지를 유념하자.

- 첫째, 체중을 발바닥에 실어 몸의 중심과 균형을 느끼면서 움직인다.
- 둘째, 몸에 집중하여 근육과 관절의 움직임, 경직되거나 불편한 곳을 관찰하고 에너지를 느끼면서 한다.
- 셋째, 발바닥의 힘으로 팔을 들어 올리고, 내릴 때는 팔 힘을 빼고 중력을 이용하여 툭 떨어뜨리는 느낌으로 한다.
- 넷째, 몸의 균형이 한쪽으로 치우치지 않도록 반대 방향으로도 움직여준다.

몸이 더워지고 땀이 촉촉하게 날 때까지 한 동작을 30~50번 반복한다. 깊은 호흡과 함께하는 동작은 5~10회 반복한다. 운동 횟수 늘리기가 아니라 내 몸에 만족할 만한 변화가 나타나도록 하는 것이 중요하다. 몸이 충분히 풀리고 움직임이 자연스러워질 때까지 동작을 반복하는 것이 요령이다. 연습장에서뿐만 아니라 필드에서 첫 티잉 그라운드에 서기 전에 할 수 있는 준비체조로도 손색이 없다.

골프 기체조의 자세한 동작은 유튜브 채널에서 영상으로 배울 수 있다.

준비 : 숨 고르기

양발을 모으고 체중을 발바닥으로 내려 중심을 잡는다. 숨을 들이마
시면서 양손을 머리 위까지 들어 올렸다가 숨을 내쉬면서 다리 쪽으
로 내린다. 마치 몸의 앞면을 기운으로 쓸어내리듯 3~5회 반복한다.

　이 동작은 팔과 어깨, 척추를 부드럽게 늘이며 호흡을 통해 몸에
집중하도록 도와준다. 손으로 몸의 앞쪽을 쓸어내릴 때 의식이 자연
스럽게 내면의 중심을 향하게 된다. 이완을 돕고 몸의 자각 능력을 향
상시켜준다.

골프 기체조 루틴

1. 허리 틀기

발을 어깨너비로 벌리고 편안히 선다. 무릎을 5도 정도 굽히고 체중을 발에 신는다. 발바닥으로 땅을 움켜쥐듯 선다. 머리와 발바닥은 움직이지 않은 채 코어를 움직인다는 느낌으로 허리를 가볍게 좌우로 틀어준다. 팔도 자연스럽게 움직인다. 시선은 정면 45도 아래 한 점에 고정한다. 이 동작을 30~50회 반복한다.

　골프장에서 뻐근한 허리를 풀기 위해서 이 동작을 무의식적으로 해봤을 것이다. 가볍게 몸을 틀어 척추와 코어를 준비시키는 동작이다. 중요한 것은 발을 지면에 단단히 고정시키고 몸통을 억지로 과하게 틀지 않는 것이다. 상체를 이완하고 코어의 힘을 느껴본다. 이 동작은 중요한 코어 근육을 준비시키고 균형 감각과 유연성을 길러준다.

2. 팔을 위아래로 흔들기

발을 어깨너비로 벌리고 편안히 선다. 무릎을 5도 정도 살짝 굽혀 체중을 발에 싣는다. 양팔을 위아래로 번갈아 움직인다. 팔을 올릴 때는 마치 발바닥의 힘이 팔을 밀어 올린다는 느낌으로, 내릴 때는 팔 힘을 빼고 중력의 작용으로 툭 떨어뜨린다는 느낌으로 한다. 30~50회 반복한다.

골프 스윙은 몸의 여러 부위의 움직임을 조화롭게 연결시키는데, 이 동작은 팔과 어깨의 감각을 깨워준다. 팔을 위아래로 번갈아 흔들면서 팔, 어깨, 등 위쪽을 풀어줌으로써 어깨에서 손끝까지 긴장을 풀어주고 제어력과 손의 감각을 향상시킨다.

3. 팔을 좌우로 흔들기

발을 어깨너비로 벌리고 편안히 선다. 무릎을 5도 정도 살짝 굽혀 체중을 발에 싣는다. 팔을 45도 위쪽 방향으로 좌우로 움직인다. 머리와 발바닥은 움직이지 않으며 시선도 정면 45도 아래의 한 점에 고정한다. 팔을 흔들 때 몸통과 척추가 자연스럽게 따라서 움직인다. 30~50회 반복한다.

이 동작은 어깨, 팔, 가슴, 등을 부드럽게 회전하는 움직임에 도움이 된다. 몸통을 너무 과도하게 틀거나 팔을 과도하게 흔들지 말고 팔이 몸 주위에서 자연스럽게 움직이도록 한다. 발은 바닥에 고정시켜 중심을 잡는다.

4. 온몸으로 스윙하기

팔을 수평으로 흔드는 자세에서 팔을 위로 올릴 때 체중을 같은 쪽 발로 이동하고 반대쪽 무릎은 굽히면서 안쪽으로 틀어준다. 이때 무릎이 반대쪽 다리에 살짝 닿는 정도까지 틀면서 골프 스윙을 할 때처럼 발뒤꿈치를 지면에서 뗀다. 시선은 정면 45도 아래에 고정시킨다. 팔이 어깨보다 더 높이 올라가고, 몸통과 척추가 더 많이 회전되는 것을 느끼면서 한다. 몸의 균형과 리듬, 이완에 집중한다. 30~50회 반복한다.

5. 상체 숙여 좌우로 흔들기

좀 우스워 보일 수도 있지만, 골프 스윙에 필요한 핵심 근육을 강화하고 스트레칭을 도와주는 동작이다. 발은 어깨너비로 벌리고 양손은 깍지를 낀다. 상체를 90도 가까이 앞으로 숙이고 양팔을 앞으로 쭉 뻗는다. 무릎은 약간 구부린 상태를 유지한다. 고개를 들어 정면을 바라보고 척추는 편안하게 편다. 이 자세에서 아랫배에 지그시 힘을 주고 허리를 좌우로 물결치듯이 움직인다. 엉덩이와 팔도 함께 움직여준다. 코어의 느낌과 균형을 유지하는 데 집중한다. 30회 정도 반복한다.

6. 기운 내리기

기운 내리기는 팔의 움직임이 도드라져 보이지만 핵심은 하체에 있다. 발을 어깨너비로 벌리고 편안하게 서서, 무릎을 약간 구부려 꼬리뼈를 살짝 안으로 말아준다. 코어 근육에 가볍게 힘이 들어가는 것을 느낀다. 숨을 들이마시면서 두 팔을 천천히 머리 높이까지 들어올린다. 팔이 구름 위에 떠 있다고 상상한다. 숨을 약간 멈추고 흉곽이 부풀어 오르는 것을 느낀다. 숨을 내쉬면서 마치 물속에서 팔을 움직이는 듯한 느낌으로 양팔을 천천히 내린다.

  고혈압이 있는 사람은 팔을 눈높이 정도로만 들어 올리고 숨을 참지 말고 편안하게 호흡하도록 주의한다. 3~5회 반복한다.

7. 호랑이발톱 자세

양발을 모아 무릎을 5도 정도 살짝 굽힌 채 발가락으로 땅을 움켜쥐
듯 선다. 숨을 들이마시면서 손가락을 호랑이 발톱처럼 구부리고 손
가락과 손목에 힘을 준 채 양팔을 천천히 배꼽 높이까지 들어올린다.
발과 손가락, 손목에 힘과 기운이 들어가는 것을 느끼며 배꼽 높이에
서 숨을 잠시 멈춘다. 숨을 내쉬면서 손목과 손가락, 발가락을 이완하
고 양팔을 내린다. 이 동작을 3~5회 반복한다. 손과 발, 특히 손목의
힘과 유연성을 길러준다.

8. 척추 늘이기

한의학과 선도수련에서는 우리 몸의 앞면을 흐르는 경락인 임맥任脈과 뒷면을 흐르는 경락인 독맥督脈을 매우 중요하게 여긴다. 앞서 소개한 수승화강의 원리도 이 두 경락의 에너지 순환과 밀접한 관련이 있다. 임맥과 독맥이 열리면 몸에 활력이 생기고 균형과 조화를 이루게 된다. 이 동작은 두 경락을 열어 몸이 이완된 상태로 깨어 있으면서 균형을 잡을 수 있도록 돕는다.

두 발을 어깨너비로 벌린다. 어깨를 편안하게 이완하고 숨을 들이마시면서 뒤통수가 등에 닿는다는 느낌으로 목을 천천히 뒤로 젖힌다. 머리끝 정수리, 꼬리뼈, 발뒤꿈치를 느낀다. 숨을 내쉬면서 고개와 상체를 천천히 앞으로 말듯이 숙인다. 턱이 가슴에 닿는다는 느낌으로 고개를 숙여준다. 3~5회 반복한다. 자칫 몸의 중심을 잃거나 어지러움을 느낄 수 있으므로 몸의 무게중심을 발로 내리고 바닥을 단단히 디디며 동작을 한다.

9. 기마자세로 허리 틀기

발을 어깨너비로 벌리고 무릎은 15도 정도 굽힌다. 안정된 느낌이 들
도록 체중을 발바닥에 실어 발바닥으로 땅을 움켜쥔 듯 선다. 꼬리뼈
를 안으로 말아 코어 근육에 지긋이 힘을 준 상태에서 숨을 들이마시
면서 팔을 앞으로 뻗어 가슴 높이까지 들어 올려 손목을 위로 꺾는다.
아랫배에 지그시 힘을 준 채 숨을 멈추고 상체 전체를 최대한 옆으로
틀어준다. 이때 다리는 움직이지 않으며 고관절과 무릎을 굽힌 상태
를 유지한다. 숨을 내쉬면서 상체를 정면
으로 되돌리고 천천히 손을 내린다.
반대쪽으로도 해준다. 이 동작
을 3~5회 반복한다. 동작을
좀 더 리듬감 있게 할 수도
있다. 균형을 유지하며 코
어 근육에 지그시 힘을
주는 것이 중요하다.

마무리 : 기운 고르기

발을 어깨너비로 벌리고 양손은 가슴 앞에 모은다. 숨을 들이마시면서 합장한 손을 머리 위로 들어 올려 팔을 쭉 편다. 팔꿈치를 굽혀 양손을 뒷목까지 내린 후 팔꿈치를 바깥쪽으로 열면서 손바닥을 좌우로 밀어준다. 이때 잠시 숨을 멈춘다. 숨을 내쉬면서 팔을 내리고 양발을 모은다. 상체를 숙이면서 손바닥으로 허리부터 시작해서 엉덩이, 다리 뒤쪽을 지나 발뒤꿈치까지 쓸어내린다. 천천히 일어나서 다시 발을 어깨너비로 벌리고 같은 동작을 3~5회 반복한다.

골프 기공으로
스윙 리듬을 찾아라

"자신의 한계 안에서 스윙을 하라"라는 말을 많이 들어봤을 것이다. 세계 최고의 골프선수들은 훌륭한 몸과 운동 감각의 소유자들이다. 하지만 그들도 힘, 유연성, 신체 조정력 등에서 나름의 한계를 가지고 있다. 아마추어인 우리들은 말할 것도 없다. 어떻게 하면 자신의 한계 안에서 능력을 극대화하여 가장 효율적인 스윙을 할 수 있을까? 이 질문에 대한 답으로 개발한 것이 골프 기공이다.

자신의 한계 안에서 공을 친다는 것은 자연스러운 스윙을 한다는 말이다. 클럽을 들고 스윙을 하려면 당연히 힘을 써야 한다. 문제는 어떻게 필요한 힘만 쓰느냐이다. 자기 스윙에 필요한 힘이 어느 정도인지 알기 위해서는 끊임없는 연습이 필요하다. 스윙 궤도에 필요 이상의 힘을 쓰면 자연스러움을 잃고 공이 원하는 대로 나가지 않는다.

골퍼마다 체격이나 체력, 구력 등에 따라 자연스럽게 느끼는 스윙이 다를 것이다. 20~30대에 느끼는 자연스러움이 있고, 50~60대에 느끼는 자연스러움이 있을 것이다. 나는 70대 초반으로 나에게 가장 편한 스윙을 하고 있지만 80대, 90대가 되어 치는 공은 지금과는 분명 다를 것이다. 102세의 이종진 옹은 풀스윙이 안 돼 클럽을 들어 올렸다가 내리는 것이 전부였지만, 130미터가 일정하게 나왔고 여러 홀에서 보기 플레이를 했다. 그만의 균형 잡힌 스윙 리듬이 있었다.

이제 소개할 골프 기공은 초보자보다는 스윙의 기본을 어느 정도 익힌 골퍼들이 자기 몸에 가장 편안하고 자연스러운 스윙과 골프 리듬을 찾는 데 도움이 될 것이다. 균형과 이완 상태를 유지하면서 힘과 유연성을 기르는 감각을 터득할 수 있다.

스윙 기공

누구나 드라이버로 더 멀리, 더 똑바로, 더 일관되게 치고 싶어 한다. 나는 드라이버 스윙에서 균형, 편안함, 반복성이 중요하다고 생각하기 때문에 내가 편안하게 칠 수 있는 한계 안에서 자연스러움을 잃지 않는 스윙을 하려고 노력한다.

연습할 때 어드레스, 백스윙, 다운스윙, 임팩트, 팔로 스루, 피니시까지 스윙의 모든 포지션에서 제어와 균형을 유지하는 데 집중하는 것이 중요하다. 프로처럼 화려하고 파워풀한 스윙을 욕심내거나 이

번에는 기필코 250미터를 치겠다는 생각은 아무 도움이 안 된다. 대신 제어, 흐름, 자기가 가진 최대 힘의 70퍼센트를 쓰는 데 집중해보자. 스윙 기공으로 앞에서 언급한 것들을 연습할 수 있다.

일단 클럽을 옆으로 치운다. 스윙 기공은 몸만 있으면 된다. 현재 자기 몸의 자연스러운 한계를 알고 싶다면 일단 몸에서 시작해야 한다. 스윙 기공의 첫 단계는 스윙의 가장 기본적인 요소들을 하나씩 점검하고 강화하는 것이다. 먼저 다리를 어깨너비보다 조금 넓게 벌리고 서서 편안한 스탠스를 취한다. 무릎을 약간 굽히고 상체를 앞으로 기울인다. 팔을 어깨에서 편안하게 늘어뜨린다. 팔꿈치를 몸통에 가깝게 유지한 채 어깨를 앞뒤로 몇 번 돌려서 어깨와 팔을 이완한다. 코어의 균형과 힘을 유지하는 데 집중한다. 몸의 중심이 발가락이나 발뒤꿈치로 이동하지 않고 발바닥 중앙에 오도록 한다.

몸통을 회전할 때 균형을 잃지 않으려면 하체로 땅을 튼튼하게 딛고 있어야 한다. 무게중심을 두 발로 내리고 척추는 편안하고 안정되게 유지한다. 튼튼한 몸통과 줄기를 땅속 깊이 뿌리 내린 나무처럼 하체에서부터 스윙을 시작하는 힘을 느끼고 연습하면서 그 느낌을 잃지 않도록 한다.

스윙 기공의 두 번째 단계는 스윙 폼 만들기다. 각자의 몸이 가진 특성과 조건이 반영되기 때문에 힘과 유연성에 따라 스윙 기공의 폼은 사람마다 다를 수밖에 없다.

첫 번째 단계에서와 같이 균형 잡힌 준비 자세를 취해 하체를 안정시킨다. 손을 펴고 양손 사이의 간격을 30~40센티 정도로 하여 코어의 힘과 균형을 유지하면서 백스윙 자세를 취한다. 균형과 중심을 잃지 않고 몸을 얼마나 틀 수 있는지 확인한다. 생각했던 것보다 몸이 덜 틀어질지도 모른다. 그 한계를 존중해야 한다. 실제 드라이버 스윙을 할 때 몸을 그보다 훨씬 더 많이 트는 것에 익숙해져 있을 수도 있다. 그런데 그렇게 움직이면서도 힘과 정확성을 유지할 수 있는가? 아니면 자연스러운 한계 이상으로 몸을 움직여서 균형을 잃고 그 영향으로 힘과 정확성이 떨어지는가? 스스로 점검해보자.

다운스윙을 할 때는 천천히 내려간다. 너무 빨리 움직이면 자신이 어느 지점에서 균형을 잃고, 어느 지점에서 유연성이 부족해 흐름이 끊기는지 알아차리기 어렵다. 천천히 움직이면서 균형을 유지하는 데 집중한다. 가능하면 거울 앞에서 연습하자. 이렇게 하면 머릿속에 있는 스윙에 대한 생각, 실제로 하는 스윙 동작, 스윙을 할 때 드는 느낌을 일치시킬 수 있다. 이 과정을 통해서 내 몸의 자연스러운 한계에 대한 감이 생긴다.

한 포지션에서 다음 포지션으로 천천히 움직일 때 어떤 느낌이 드는가? 편안하게 느껴져야 한다. 특정 포지션에서 몸이 긴장하거나 균형을 잃는다면 프로들의 폼처럼 멋져 보이지 않아도 자기 몸에 부담이 덜 가는 보다 자연스러운 자세를 찾든지, 아니면 원하는 스윙을 받쳐줄 힘과 유연성을 길러야 한다.

자기 몸의 한계를 존중하지 않고 무조건 전속력으로 스윙을 하면

공에 대한 제어력을 잃게 되고 자칫 잘못하면 부상을 입을 수 있다. 골프 코치들이 자신이 낼 수 있는 힘의 70~80퍼센트만 사용하라고 하는 데는 다 이유가 있다. 스윙의 각 포지션에서 정지한 상태로 1분 동안 자세를 유지하면서 편안하게 호흡할 수 있는지 점검해보자. 자세가 흔들리거나 호흡이 편안하지 않다면 힘을 너무 많이 쓰고 있다고 봐야 한다.

각 포지션에서 자기 몸에 맞는 자세를 찾았다면, 이제는 3단계로 포지션들 사이의 흐름을 연습할 차례다. 여기서부터 진정한 기공 연습이 시작된다고 할 수 있다. 자신의 몸에 맞는 자연스러운 자세들을 따라 천천히 스윙하면서 손의 에너지 느낌에 집중한다. 손을 통해 에너지를 느끼는 방법은 앞에서 자세히 소개(73~74쪽 참조)했으니 참고하기 바란다.

손에 집중하면 따뜻함, 맥박, 압력, 자기력 같은 다양한 감각들이 느껴질 것이다. 스윙을 하는 동안 그 느낌을 유지한다. 천천히 스윙 동작을 하면서 각각의 포지션에서 손의 느낌이 어떻게 달라지는지를 느껴본다.

임팩트 순간에 몸의 모든 에너지가 손을 통해 클럽으로 전해지고 공까지 연결되는 것을 상상한다. 이완되고 균형 잡힌 자세를 유지하면 손의 힘이 증가하는 느낌이 들 것이다. 반면, 몸이 긴장하거나 균형을 잃으면 이를 회복하기 위해 무의식적으로 손에서 힘이 빠져나간다.

스윙 기공

스윙 기공을 하다보면 마치 손으로 에너지를 밀고 당기는 춤을 추는 것처럼 느껴질 것이다. 짧으면 5분, 길게는 20분 정도 반복하면서 자연스러운 흐름을 느껴보자. 스윙 기공은 스윙의 힘과 정확성을 기르는 데 도움을 줄 뿐만 아니라 그 자체로 심신 건강에 도움이 된다. 온몸이 이완된 상태에서 균형과 집중을 유지하기 때문에 명상만큼이나 마음을 안정시킨다.

드디어 드라이버를 잡을 차례다. 지금까지 연습한 모든 것들이 사라지지 않도록 한다. 드라이버가 손의 연장이라고 상상하며 각각의 포지션에서 아주 느리게 움직이며 스윙을 해보자. 몸이 균형을 유지하는 것을 느껴본다. 에너지가 발에서 코어로, 척추에서 손과 팔로 흐르는 것을 느낀다. 강력한 에너지가 손으로, 클럽으로, 공으로 전달되는 것을 느껴본다. 의식이 몸에서 일어나는 어떤 것도 놓치지 않도록 세심하게 주의를 기울이는 것이 중요하다. 스윙을 더 강하고 빠르게 하는 것에 집중하지 말고 균형을 유지하고 몸을 완전히 느끼는 것에 집중하며 스윙을 해보자. 스윙의 모든 움직임을 느껴보자. 스윙 기공을 통해 더도 덜도 말고 자기 몸에 가장 자연스러운 스윙이 될 만큼의 힘을 쓰는 법을 익히기 바란다.

치핑 기공

타이거 우즈와 함께 PGA투어 82승 최다승 기록을 보유한 샘 스니드 Sam Snead는 이렇게 말했다. "당신 근육이 허락하지 않으면 적절한 신체 회전을 할 수 없다. 그럼에도 불구하고 치핑과 퍼팅을 잘 할 수 있다면, 여전히 좋은 점수를 낼 수 있다." 근력이 예전 같지 않다고 느끼는 중년 이상의 골퍼라면 귀가 솔깃한 말이다.

치핑 기공은 치핑의 두 가지 측면을 개발하는 데 도움이 된다. 첫째는 손을 편안한 자세로 유지하여 공을 치핑할 수 있는 안정적이고 반복 가능한 몸의 움직임을 만들 수 있다. 두 번째는 내가 '손 지능'이라고 부르는 손 감각을 개발할 수 있다. 손의 힘과 느낌, 지각 능력을 기르는 기술이다.

치핑 기공을 연습하기 위해서 먼저 클럽을 옆으로 치워두고 편안하게 스탠스를 취한다. 무릎을 굽히고 상체를 앞으로 기울인다. 오른손잡이 골퍼라면 무게중심을 왼 다리로, 왼손잡이 골퍼라면 오른 다리로 옮긴다. 균형 감각을 연습하기 위해 처음에는 과하다 싶을 정도로 체중을 이동하는 것이 좋다. 팔이 어깨에 편안하게 매달려 있는 것을 느껴본다. 양 손바닥을 마주보게 해서 5~10센티 정도의 간격을 유지한다.

어깨와 팔을 일관된 자세로 유지하면서 허리를 튼다. 여기서의 목표는 치핑 동작에서 상하좌우로 흔들리는 정도를 최소화하는 것이다. 팔이 흔들리지 않고 몸과 함께 회전하도록 천천히 좌우로 치핑 동작을 반복한다. 중요한 것은 안정감과 이완된 느낌을 유지하는 것이다.

움직임이 안정되고 일관되게 느껴지면 이제 손에 집중하여 손 지능을 개발한다. 골프는 다른 스포츠처럼 손을 많이 사용한다. 특히 치핑과 퍼팅에서는 더욱 그렇다. 손은 몸에서 가장 민감한 부분 중의 하나이며 말단 신경이 엄청나게 분포되어 있다. 하지만 컨디션에 따라 손이 느끼고 제어하는 능력은 크게 달라질 수 있다. 긴장을 하거나 몸에 통증이 있거나 정신이 산만하면 손의 감각이 떨어진다.

양손 사이를 좁혔다 넓혔다 하면서 손바닥 사이에서 에너지를 느낀다. 뭔가를 느끼려고 애쓰지 말고 자연스럽게 일어나는 느낌을 인식하면 된다. 아무것도 느끼지 못해도 괜찮다. 중요한 것은 손에 집중하면서 이완된 상태를 유지하는 것이다.

손바닥 사이에서 자력감 등의 에너지 감각을 느끼면 집중이 잘 되는 때와 집중이 흐트러지기 시작하는 때를 자연스럽게 알아차릴 수 있다. 정신이 산만해지면 손바닥 사이의 감각도 약해진다. 또 지나치게 긴장하면 손의 느낌을 감지하기 어렵다. 이완된 집중을 느낄 수 있는 스위트 스폿sweet spot에서 손의 느낌이 강해진다.

이제 손의 움직임과 호흡을 연결시켜서 해보자. 손바닥 사이에 작은 풍선이 하나 있다고 생각한다. 숨을 들이쉴 때 풍선에 공기가 가득 차며 손이 자연스럽게 벌어진다. 숨을 내쉴 때 손바닥 사이에 있는 풍선이 수축하며 손 사이의 거리가 좁아진다. 숨과 함께 양손바닥 사이에서 에너지 풍선이 부드럽게 부풀어 올랐다가 수축하는 것을 느껴본다.

치핑 동작을 안정적으로 만들고 손의 감각을 개발하는 연습을 했으니 이제 두 가지를 합칠 차례다. 어드레스 자세를 취하고 팔이 어깨에 편안하게 매달려 있는 감각을 느낀다. 손바닥 사이에 5~10센티의 간격을 유지하고 손으로 에너지를 느끼는 연습을 한다.

어드레스 자세에서 손바닥 사이의 느낌이 감지되면 양손을 가까이 했다 벌렸다 하면서 부드럽게 움직여본다. 어깨를 이완하고 호흡을 편안하게 한다. 손바닥 사이의 공간을 유지하면서 치핑 동작을 한다. 동작을 하는 동안 양손 사이의 감각을 유지하는 것이 중요하다.

치핑 기공

어느 시점에서 손의 감각이 안 느껴진다면 몸이 너무 긴장했거나 균형을 잃은 것이다. 그때는 어드레스 자세를 점검하고 더 안정적으로 움직이는 연습을 해보자. 손을 느끼는 감각을 잃으면 클럽을 느끼는 감각도 잃게 된다.

마지막 단계는 감각을 손에서 클럽으로 옮기는 것이다. 거의 모든 골프강사가 그립의 중요성을 강조한다. 그립이 몸의 감각을 클럽으로 옮기는 통로이기 때문이다. 그립을 쥐었을 때 에너지 명상을 할 때와 같은 섬세한 느낌을 유지하도록 한다. 원하는 대로 공을 치려면 손의 감각을 키우고 신뢰하는 것이 중요하다.

아까 에너지 명상을 할 때 느꼈던 무게, 압력감, 자력감 등을 손과 클럽에서 느낄 수 있도록 치핑 기공을 연습한다. 많은 사람들이 그립을 너무 꽉 쥐어서 손의 감각을 둔하게 만드는 실수를 하는데 치핑 기공을 통해서 이를 개선할 수 있다. 치핑 기공을 연습하면 이완된 집중 상태에서 몰입감을 느끼며 치핑을 할 수 있다.

퍼팅 기공

퍼팅은 골프 경기에서 빈도수로 볼 때 가장 많은 비중을 차지하는 샷이다. 통계에 따르면 실력에 관계없이 퍼팅은 전체 스트로크의 약 43퍼센트를 차지한다고 한다. 퍼팅이 경기에 많은 영향을 미치는 만큼 적어도 연습 시간의 3분의 1은 퍼팅에 투자하는 것이 좋다.

퍼팅을 잘 하려면 정확한 느낌, 제구력, 상상력이 필요하다. 앞서 설명한 손 지능, 손 감각이 무엇보다 중요하다. 에너지 감각을 터득하면 다양한 측면에서 골프에 도움이 되지만 특히 퍼팅에서 큰 효과를 볼 수 있다. 퍼팅 기공과 꾸준한 연습을 통해 누구나 평균 이상의 퍼팅을 할 수 있다고 생각한다.

스윙 기공과 치핑 기공처럼 퍼팅 기공도 먼저 자세를 잡는 것에서 시작한다. 퍼팅 기공을 할 때는 다른 두 기공에서보다 자세가 더 완벽하게 균형을 이루고 몸을 이완해야 한다. 목표는 퍼팅 스트로크 내내 손을 가장 자연스러운 위치에 두어 느낌과 제구력을 극대화하는 것이다. 이렇게 하면 그린에서 이완된 집중 상태를 유지할 수 있고 퍼팅

퍼팅 기공

성공률을 높일 수 있다.

　퍼터 없이 스탠스를 취하고 팔이 어깨에 편하게 매달리도록 한다. 등이 긴장되지 않고 체중이 발바닥 중앙에 실려 있는지 확인한다. 이제 손바닥에 집중하고 손바닥 사이의 공간을 느껴본다. 손 사이에서 자력감을 가장 강하게 느낄 수 있을 때까지 자세를 미세하게 조정한다. 예를 들면 척추 각도를 조절하거나 무릎을 좀 더 구부리거나 팔을 몸에서 더 멀게 또는 가깝게 움직여본다. 손의 에너지 감각을 느끼며 몸의 나머지 부분은 이완한 채 어깨와 팔로 퍼팅 동작을 연습한다. 손을 느끼면서 균형을 잡고 이완하는 연습을 한다.

준비가 되면 퍼터를 잡는다. 퍼터를 잡았을 때 손으로만 퍼팅 동작을 했을 때 느꼈던 것과 똑같은 감각을 찾는다. 퍼터 헤드의 무게를 느껴본다. 팔을 움직이는 대신 코어와 하체를 더 많이 사용하여 퍼터를 움직인다. 이렇게 하면 느낌과 균형을 유지할 수 있다.

자신만의
골프를 하라

궁극적으로 기공은 자신의 자연스러운 리듬과 흐름을 찾는 것이다. 기공이 아주 잘 될 때는 힘과 균형, 물이 흐르듯 유동적인 움직임으로 가득 찬 춤이나 화음이 완벽한 노래처럼 느껴진다. 골프 스윙은 노래를 하거나 춤을 추거나 악기를 연주하는 것과 같다. 자신이 부르는 노래에서 아름다움과 감동을 느껴본 적이 있는가? 노래를 아주 잘하지 못해도 리듬이 살아 있고 자신의 호흡에 맞으며 감정이 풍부하게 실리면 노랫소리가 아름답게 들린다. 노래 선율이 자신의 가슴을 울리며 감동을 준다.

골프 스윙도 마찬가지다. 자신에게 가장 자연스러운 스윙을 할 때 우리는 자기 자신에게서 감동과 아름다움을 느낀다. 우리 몸은 자신을 표현하는 악기다. 골프는 그 악기가 클럽을 통해 리듬을 표현하는 것이다. 골프 기공을 연습하다 보면 스윙이 단지 공을 치기 위한 액션만이 아니라는 것을 알게 된다. 스윙은 하나의 춤이요, 기공이요, 노래요, 생명의 표현이다.

세계 최고의 골프선수들이 스윙하는 모습을 볼 때마다 우리는 스윙의 아름다움과 놀랄 만큼 섬세하고 안정적인 제구력에 감탄하곤 한다. 프로선수들이 자신의 기량을 연마하는 데 쏟아붓는 그 많은 연습 시간들을 대체할 수 있는 것은 없다. 하지만 골프 기공을 통해 자신의 자연스러운 리듬과 흐름을 찾을 수는 있다. 스윙을 통해 매 순간 내면의 힘과 창조성을 표현하는 예술가가 될 수 있다. 자신의 리듬을 찾는 데 집중하면 완벽한 골프는 못 하더라도 자신만의 완벽한 골프는 할 수 있다.

골프 기공 덕분에 새로운 기술을 쉽게 익히다

데이비드 드리스콜David Driscoll

39세, 남, 구력 5년

고등학생 때 야구선수와 축구선수로 뛰었다. 첫 골프는 어느 여름에 이웃과 즉흥적으로 함께한 라운드에서 경험했다. 그해 여름에 몇 번의 라운드에서 내가 기억하는 것은 첫 홀에서 톱볼top ball을 때렸고, 야구 스윙을 이용해 최선을 다했지만 골프 코스 사방에 공을 흩뿌렸다는 사실이다.

30대에 골프를 다시 시작했다. 어느 날 아침 주차를 하는데 골목 모퉁이에 클럽 세트가 놓여 있었다. 오후에도 그 자리에 그대로 있었다. 누가 골프를 그만두었거나 이사하면서 두고 간 것이다.

그때 주운 클럽으로 동네 연습장에서 공을 한 바구니 사서 치기 시작했다. 몇 시간 동안 손에 물집이 생기도록 쳤다. 열 번을 치면 한 번 정도는 근사하게 맞았는데 그것만으로도 충분했다. 단숨에 골프의 매력에 빠져들었다.

다른 많은 아마추어 골퍼들처럼 주로 동영상, 책, 필드에서 다른 골퍼들을 보며 골프를 배웠다. 나는 단센터 트레이너다. 트레이너로서의 수련과 경험은 골프에 많은 영향을 미쳤다. 특히 일지 리에게서 직접 배운 골프 기공은 새로운 골프 아이디어와 기술을 익히는 데 큰 도움이 되었다.

새로운 기술을 머리로 이해하는 데는 시간이 많이 걸리지 않는다. 하지만 그 기술을 내 골프 스윙에 통합하려면 상당한 연습과 반복이 필요하다. 골프 기공은 특히 이 부분에서 도움이 되었다. 한 예로 다운스윙을 할 때 왼 다리로 체중 이동을 더 잘하기 위해 한참 연습한 적이 있다. 머리로는 방법을 이해했는데 몸은 자꾸 예전의 습관으로 되돌아갔다. 공을 맞히려는 의욕이 앞서서 하체의 체중이 이동되기 전에 엉덩이와 허리를 너무 빨리 돌리는 경향이 있었다.

골프 기공을 통해 이런 습관을 교정할 수 있었다. 생각을 벗어나 체중 이동이 제대로 되었을 때의 느낌을 찾을 수 있었다. 골프 기공은 충분히 느리기 때문에 균형과 연결의 느낌을 유지하며 움직일 수 있다. 스윙이 어떻게 흘러갈지, 힘과 에너지가 어디에 집중되는지, 새로운 느낌을 전속력 스윙에 어떻게 통합할지 느낄 수 있다.

골프 기공을 하면서 가슴 속의 부드럽고 따뜻한 느낌, 다리에 차오르는 힘과 에너지, 코어의 중심이 단단하게 잡히는 느낌, 손의 섬세한 감각, 이 모든 경험에서 오는 아름다움과 감사를 느낀다. 그리고 이런 느낌을 골프 스윙에 반영할 수 있게 되었다. 일지 리는 내게 골프 스윙이 말로는 표현하기 힘든 어떤 느낌, 영감을 표현하는 예술이라고 말하곤 했는데 그게 무슨 뜻인지 알게 되었다.

몸과 마음을 힐링하는
골프를 하라

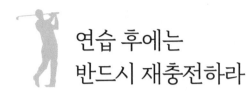

연습 후에는
반드시 재충전하라

프로 운동선수들은 육체적인 스트레스를 달고 산다. 복싱, 축구, 럭비처럼 몸에 격렬한 자극이 가고 경쟁이 치열한 스포츠의 경우, 선수들 대부분은 시즌 내내 완전히 치유되지 않은 상태에서 경기를 치른다. 붓고 멍들고 삐는 것이 예사다.

골프처럼 상대적으로 몸에 부담이 덜 가는 스포츠도 특정 동작을 계속 반복하면 몸의 무리를 피할 수 없다. 스트레스가 누적되면 체력이 약해지고 몸이 뻣뻣해지며 신체 조정력도 점점 둔해진다. 나이가 들어가면서 이러한 현상은 더욱 악화된다. 우리 뇌는 드라이버로 공을 더 곧고 멀리 보내는 법, 퍼팅 라인 읽는 법을 생생하게 기억하고 있지만 몸이 예전만큼 따라주지 않을 때가 많다.

라운드를 돌고 난 후나 연습을 많이 한 날에 몸이 뻣뻣해지는가?

등이 땅기거나 허리가 뻐근한가? 다리나 고관절, 손목이나 무릎이 아픈 날도 있을 것이다. 30~40대까지는 힘들게 연습한 날에도 잠을 푹 자고 나면 다음 날 몸이 거뜬하다. 하지만 중년 이후가 되면 며칠이 지나도 피로가 쉽게 풀리지 않고 일주일 넘게 몸이 쑤실 때도 있다.

골프 실력을 늘리는 데는 연습과 필드 경험만 한 것이 없다. 이론서를 열 권 읽어도 연습장 한 번 더 가고 잔디 한 번 더 밟는 것만 못하다. 마음은 다음 라운드를 손꼽아 기다리는데 몸은 여전히 며칠 전 연습 때 쌓인 피로에서 못 벗어나 있는 경우가 허다하다. 몸이 더 빨리 다음 연습이나 플레이를 준비하려면 어떻게 해야 할까?

라운딩이나 연습을 한 후에는 자신의 몸을 휴식과 충전 모드로 전환하는 셀프 힐링 습관을 들여보자. 평생 골프를 하고 싶다면 공만 자주 치는 것이 아니라 노력의 50퍼센트는 셀프 힐링과 회복에 투자하는 것이 현명하다.

점보박스
열두 개를 치던 날

40대 중반에 나는 뇌교육과 명상을 세계에 알리겠다는 큰 꿈을 품고 미국 개척에 나섰다. 당시 한국에는 단월드 센터가 50여 개에 이를 무렵이었다. 문화도 언어도 낯선 미국 땅에서 뿌리를 내리기가 쉽지 않았다. 좌충우돌하며 시행착오를 거듭하던 그 시절에 바보스러울 만큼 무리하게 골프 연습을 한 적이 있다.

당시 뉴저지 센터에 다니는 한 회원이 마침 골프 연습장을 운영했다. 내가 골프를 한다는 이야기를 듣고 원하면 언제든지 와서 연습하도록 배려해주었다. 길이 안 보이고 답답할 때마다 골프 연습장에 갔다. 골프를 연습하러 갔다기보다는 복잡한 머리를 식히러 갔다고 하는 편이 맞을 것이다.

이 책에서 몸과 마음을 연결한 상태에서 연습을 해야 한다고 강조했지만, 당시의 나는 그런 모범과는 거리가 한참 멀었다. 몸은 클럽을 휘두르고 있었지만 내 머릿속은 온통 '미국에서 단학과 명상을 제대로 보급하려면 어떻게 해야 할까' 하는 생각뿐이었다. 옆 타석의 미국인들이 눈을 휘둥그레 뜰 만큼 공을 많이, 빨리 쳤다. 아침부터 저녁까지 골프공이 100개 들어 있는 점보박스를 열두 개까지 친 날도 있었다. 어찌나 손에 힘을 주고 쳤던지 손바닥이 부르트고 물집이 생기기 일쑤였다. 왼쪽 어깨도 쑤시고 허리도 결리고 무릎도 시큰거리고 팔꿈치에 가벼운 통증도 나타났다.

그런 날 저녁에 지친 몸으로 잠을 청하려고 누워 있다가 나도 모르게 이런저런 운동을 하곤 했다. 팔다리를 쭉 뻗어 기지개를 켜고 몸 이곳저곳을 두드리고 흔드는가 하면, 누워 있다가도 팔다리를 들어 올려 '잠자는 호랑이 자세'로 호흡했다. 이런 움직임은 운동이라기보다는 피로를 풀기 위해 몸에서 저절로 나오는 생리 현상에 가까웠다. 마치 졸리면 하품이 나오듯 몸이 스스로를 치유하기 위해서 나를 움직이게 한 것이다.

그러고 나면 욱신거리던 통증도 많이 가라앉고 몸이 가벼워져 잠을 푹 잘 수 있었다. 다음날 아침에는 훨씬 가뿐하게 일어났다. 내 몸이 스스로 만들어낸 자연치유의 움직임들은 라운딩이나 연습 후 몸을 빠르게 회복하고 에너지를 재충전하는 골프 루틴 중의 하나가 되었다. 할 때마다 "아, 시원하다!" 소리가 절로 나오고 방전된 배터리가 충전되듯 몸에 힘이 차오르는 것을 느낀다.

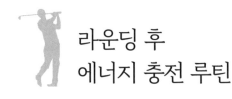

라운딩 후
에너지 충전 루틴

골프를 마친 후에 할 수 있는 휴식과 에너지 충전을 위한 루틴이다. 연습이나 라운딩으로 지친 몸과 마음의 긴장을 풀어주고 과도하게 움직인 신체 부위를 진정시켜준다.

카펫이 깔린 바닥이나 요가 매트에 등을 대고 편안하게 눕는다. 침대는 푹신푹신해서 운동 효과가 줄어드니 피하는 것이 좋다.

먼저 피트니스 편에서 소개한 발끝치기를 한다. 다리를 모은 상태에서 양발을 마치 자동차의 와이퍼처럼 서로 모았다가 바닥으로 내려준다. 발을 모을 때는 양발의 안쪽을 탁탁 소리가 날 정도로 부딪친다. 어깨를 이완하고 편안하게 호흡하며 1~2분 정도 반복한다. 다리 근육이 약간 피곤해질 것이다. 발끝치기를 마친 후에는 30초 정도 편안하게 호흡하며 발을 느껴본다. 기분 좋은 얼얼함이나 미세한 진동,

묵직함 등이 느껴질 것이다.

다음은 무릎에 반동을 준다. 무릎을 구부려 바닥에서 약간 들어 올렸다가 떨어뜨리는 동작을 30초 정도 리듬감 있게 반복한다. 편안하게 호흡하면서 발뒤꿈치에서 엉덩이까지 다리 뒤쪽이 자극되는 것을 느낀다. 무릎 관절이 아프지 않도록 가볍게 반동을 준다. 무릎 상태가 안 좋다면 이 운동은 건너뛰는 것이 좋다. 무릎 반동을 마친 후에는 다리에 남아 있는 진동을 느끼며 30초 정도 편안하게 호흡한다.

이제 엉덩이에 반동을 줄 차례다. 누운 자세에서 무릎을 굽히고 발바닥은 바닥에 붙인다. 이 자세에서 엉덩이를 가볍게 들어 올렸다 내려놓는 동작을 리듬감 있게 반복한다. 부드럽게 시작해서 조금씩 강도를 높여가며 30초간 계속한다. 척추 끝부분의 엉치뼈를 자극하여 척추와 고관절의 긴장이 풀어지는 것을 느낄 수 있다. 엉덩이 반동을 마친 후에는 편안하게 호흡하면서 30초간 몸의 변화를 느껴본다.

다음 동작은 모든 사람이 다 할 수 있는 것은 아니다. 하지만 시도해보기 바란다. 등을 들썩이며 반동을 주는 것이다. 무릎을 구부려 발바닥을 바닥에 붙인 자세에서 팔꿈치로 바닥을 지지한 채 등을 살짝 들어 올렸다가 내려놓는다. 이때 머리와 엉덩이는 바닥에서 떨어지지 않도록 한다. 등을 바닥에 내려놓을 때마다 부드럽게 숨을 내쉰다. 이 동작을 30초간 반복한 후에 멈추고 30초간 몸의 느낌에 집중한다. 천천히 부드럽게 호흡하면서 흉곽과 등 근육의 감각을 느껴본다.

이 네 가지 동작이 1세트다. 5분 정도면 1세트를 할 수 있는데 몸

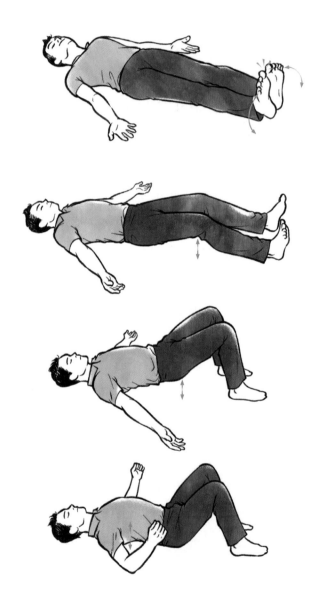

나는 100세 골퍼를 꿈꾼다

이 충분히 풀릴 때까지 서너 번 반복해도 좋다. 한 세트를 하되 각각의 동작을 2~3분 정도 더 반복하면 더 큰 이완 효과를 느낄 수 있다. 세트를 반복하는 중간에 무릎을 가슴 쪽으로 끌어당겨 양팔로 껴안거나 한쪽 다리를 들어 올려 반대편 다리 위로 넘긴 후 허리를 트는 스트레칭을 해주면 좋다. 앞서 피트니스 편에서 소개한 코어를 강화하는 운동이나 호흡 편에서 소개한 잠자는 호랑이 자세 등을 같이 하면 더욱 좋다.

흔히 피곤하고 힘들면 몸을 안 움직이려 들지만 휴식하고 회복하는 가장 좋은 방법은 가볍게 움직이는 것이다. 반복적인 골프 스윙 때문에 몸의 특정 부위에 긴장이 쌓이는데, 그런 긴장은 가만히 있다고 풀어지는 것이 아니다. 움직여주어야 한다.

위의 네 가지 반동 동작은 다리, 엉덩이, 허리, 고관절, 등의 통증과 긴장을 풀어내는 데 효과가 탁월하다. 특히 무릎이나 엉덩이처럼 평소에 스트레칭을 하거나 자극을 주기 어려운 부분을 풀어줄 수 있다. 이 동작을 한두 번 반복하는 것만으로도 이완이 되어 잠이 스르르 오기도 한다. 하다 보면 저절로 호흡이 깊어지기 때문에 아무리 연습해도 핸디캡이 줄지 않아 속상한 날에는 진정제로도 그만이다.

연습이나 라운딩을 한 날 저녁에 이렇게 긴장을 풀고 에너지를 충전하는 습관을 들이면 좋다. 많은 골퍼들이 몸의 긴장과 통증을 대수롭지 않게 생각하다가 나중에 큰 대가를 치른다. 심한 경우에는 큰 부상을 입고 골프를 포기하기도 한다. 스스로 자기 몸을 점검하고 그때 그때 몸과 마음의 스트레스를 해소하는 습관이 몸에 배면 라운딩 중에 몸이 뻣뻣해지거나 자세가 불안정해질 때도 더 빨리 알아차릴 수 있다.

연습할 때 꼭 기억할 것이 있다. 예전의 나처럼 기진맥진할 때까지 스스로를 몰아붙여서는 안 된다. 한 세션에서 연습하려고 하는 기술의 숫자를 제한하고 시간과 에너지도 제한한다. 가장 효과적인 연습은 근육을 충분히 움직이면서도 휴식하고 회복할 수 있는 에너지를 충분히 남겨놓는 것이다. 회복하는 것도 중요한 일이고, 노력이 필요하다.

몸의 불균형을 바로잡는
일지 자세

이완과 에너지 충전 루틴에 바로 이어서 일지 자세를 해주면 좋다. 바닥에 등을 대고 누워 두 다리를 쭉 뻗는다. 양손은 깍지를 껴서 검지만 펴고 함께 모은다. 팔을 머리 위로 들어 올려 몸을 위아래로 최대한 스트레칭한다. 척추 마디마디를 쭈욱 늘인다는 느낌으로 한다. 손의 자세가 나의 호인 일지一指, 하나의 손가락을 닮아서 일지 자세라는 이름을 붙였다. 깍지를 껴서 검지만 펴서 모으는 자세가 어렵다면 손깍지를 풀고 양팔을 귀에 붙여 위로 쭉 뻗는다.

　이 자세는 몸의 균형을 바로잡아 에너지가 잘 순환되게 해준다. 일지 자세를 취해보면 척추나 근육에 불균형이 있을 때 쉽게 알아차릴 수 있다. 이 자세를 취하면서 다른 사람에게 자신의 몸을 체크해달라고 부탁해보자. 사진이나 비디오를 찍어달라고 해서 스스로 확인하

는 것도 좋다. 한쪽 팔이 반대쪽 팔보다 굳어 있는지, 몸이 한쪽으로 기울어져 있는지 등을 바로 확인할 수 있다.

이제 일지 자세의 셀프 힐링 효과를 더 깊이 체험할 차례다. 자세를 취한 상태에서 편안하게 호흡하며 자신의 몸을 세밀하게 관찰한다. 숨을 들이마시며 가슴, 어깨, 등이 펴지는 것을 느낀다. 숨을 내쉬며 더 깊이 이완한다. 자신의 몸을 의식적으로 관찰하는 것과 불균형을 해소하기 위해 몸이 스스로 만들어내는 미묘한 움직임이 셀프 힐링의 핵심이다. 큰 움직임에 집중하기보다는 미세한 움직임에 주의를 기울여보자.

숨을 들이마실 때 몸의 어느 부위에서 긴장이 느껴지는지 살펴본다. 왼쪽과 오른쪽 중에 어느 쪽이 더 뻣뻣한가? 아무 걸림 없이 숨이 편안하고 깊고 고르게 쉬어지는가? 혹은 숨이 고르지 않고 짧거나,

숨을 쉴 때 가슴이 답답한가? 호흡에 집중하며 섬세하게 마음을 관찰하는 것은 움직임이 없어 아주 단순해 보이는 일지 자세를 강력한 셀프 힐링 수련으로 변모시킨다.

마음이 몸을 관찰해서 불균형을 알아차리면 뇌는 몸에 불균형을 해소하라는 신호를 보내고 몸은 균형의 상태로 돌아가기 위해 스스로를 조절한다. 일지 자세를 취하면서 호흡을 하다보면 특정 부위를 더 스트레칭하고 싶거나 흔들어주고 싶은 느낌이 들 것이다. 그럴 때는 그 느낌을 따라서 몸을 자연스럽게 움직이면 된다. 일지 자세는 스트레스와 긴장을 풀어주고, 마음을 안정시키며, 몸의 중심과 균형을 회복할 수 있도록 도와준다.

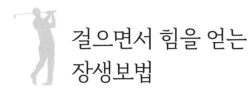

걸으면서 힘을 얻는
장생보법

최첨단 장비가 개발되고 골퍼들의 비거리도 늘어나면서 코스 전장全長도 점점 길어지는 추세다. 골프 카트를 타는 것이 일반화되면서 골퍼들이 코스에서 걷는 거리는 점점 줄어들고 있다. 18홀 전체를 걸어서 도는 골퍼를 찾아보기란 하늘의 별따기다. 어떤 코스는 구조상 걷는 것이 아예 불가능하다.

따뜻한 햇살 아래 신선한 공기를 들이마시며 코스를 걷는 즐거움이 없다면 필드가 스크린 골프와 무엇이 다를까. 골퍼들이여, 기회가 있을 때마다 코스에서 걸어라. 당신의 심장과 뇌가 기뻐할 것이다. 102세 골퍼 이종진 옹이 내게 확실하게 심어준 생각이다. 원래 걷기와 산책을 좋아했지만 이 옹과 라운딩을 한 이후에는 코스에서 더 많이 걸으려고 노력한다.

잘 알다시피 걷는 것 자체가 이미 훌륭한 운동이다. 심장이 튼튼해지고 뇌 기능이 활성화되며 뼈와 관절 건강에도 좋다. 기분 좋은 호르몬을 분비시켜 우울증도 완화해주고 잠도 잘 오게 도와준다. 게다가 걸으면 코스의 자연경관을 더 즐길 수 있고 코스가 어떻게 디자인되었는지를 잘 느낄 수 있다. 걸어서 이동하면 골프 코스도 덜 훼손된다.

누구나 매일 걷는다. 그런데 '의식적으로' 걸으면 걷기도 호흡처럼 훌륭한 명상이 된다. 걸어지는 대로 걷는 것이 아니라 마음을 실어서 걸으면 에너지를 재충전하는 힐링이 된다. 골프 코스에서 할 수 있는 의식적인 걷기, 걸으면서 활력을 얻고 힐링이 되는 걸음걸이인 장생보법長生步法을 소개한다.

편안하게 서서 어깨와 가슴을 활짝 펴고 등도 편다. 명치와 배꼽 사이의 거리를 넓힌다고 생각하면 등이 펴지고 가슴이 올라간다. 그 상태에서 몸을 1~2도 정도 앞으로 기울인다. 허리를 숙이는 것이 아니라 몸 전체를 살짝 앞으로 기울이는 것이다. 이렇게 하면 주의력이 좋아지는 것이 느껴진다. 아주 미세한 각도 차이가 뇌의 각성도에 큰 차이를 만든다.

원기 왕성한 아이들은 넘어질 듯 몸이 앞으로 쏠린 채 발 앞쪽에 힘을 주어서 내딛는다. 반면, 나이가 들수록 몸을 약간 뒤로 젖혀서 배를 내밀고 걷는 경향이 있다. 장생보법은 늙은 걸음을 젊은 걸음으로 되돌려놓는다.

발레리나처럼 발가락을 모아 발바닥 쪽으로 구부리면 발바닥 3분의 1 지점에 오목하게 들어가는 곳이 있다. 용천湧泉이라는 혈자리로 인체에 있는 생명의 기가 샘물처럼 솟아오른다는 뜻을 담고 있다. 용천에 의식을 두고 발가락에 힘을 살짝 주어 땅을 움켜쥔다는 느낌이 들게 선다.

이 자세에서 발뒤꿈치로 지면을 가볍게 디딘 다음, 용천으로 땅을 꾹 누르고 이어서 엄지발가락 끝까지 힘을 주고 걷는다. 땅에 버튼이 솟아 있는데 발바닥의 용천으로 그 버튼을 꾹꾹 누르면서 걷는 이미지를 떠올리면 도움이 된다. 발반사요법을 통해 널리 알려진 것처럼 발바닥에는 온몸과 연결된 신경들이 모여 있다. 그래서 발바닥을 고루 자극하면서 걸으면 몸 전체를 마사지하는 효과가 있다.

이때 두 발을 11자로 나란히 걷도록 주의를 기울인다. 발부리를 양 옆으로 벌린 채 팔자걸음을 걷는 사람들이 있는데 이것은 기운이 술술 새 나가는 걸음걸이다. 11자로 걸어야 몸의 중심이 잘 잡히고 등과 허리도 잘 펴진다. 양팔은 자연스럽게 움직인다. 입가에 미소를 띠고 걸으면 더욱 좋다. 뇌가 잘 각성된 상태에서 온몸에 상쾌한 자극이 주어지고, 발 중심이 땅에 닿을 때마다 리듬감 있는 자극이 뇌로 전달된다. 마치 발바닥에 용수철이 달린 것처럼 기분 좋은 탄력감이 느껴질 것이다.

장생보법은 어찌 보면 고양이 걸음과 비슷하다. 무겁게 터벅터벅 걷는 것이 아니라 한 걸음 한 걸음 가볍게 내딛는다. 경쾌하면서도 중심이 흔들리지 않는 우아한 걸음걸이다. 그렇게 걸으려면 몸에 힘을 빼고 이완된 상태라야 한다. 스윙을 할 때처럼 힘을 빼고 무게중심을 발바닥으로 내려서 걷는 것이다. 걸을 때 몸의 무게중심이 목, 허리, 다리, 발 중 어디에 있는지를 느껴본다. 발이 땅을 내디딜 때마다 몸의 무게중심이 왼발, 오른발로 옮겨지는 것을 느끼면서 걷는다.

자기 힘보다 조금만 빨리 걸어도 에너지 소모가 커져 금방 피로해지고 호흡의 리듬을 잃게 된다. 발바닥으로부터 땅의 기운이 올라와서 다리를 타고 무릎, 고관절을 지나 아랫배 단전으로 쌓인다고 상상하며 걸어보자. 용천을 지그시 눌러주면서 걷다 보면 스트레스로 들뜬 화기가 발바닥으로 내려가 마음이 차분해진다. 저절로 수승화강 상태가 된다.

장생보법은 일종의 리셋 걸음걸이다. 걸으면서 스스로 몸과 마음의 상태를 점검하고 잃어버린 중심과 균형을 회복할 수 있다. 다음 샷을 하러 가는 도중에 방금 전의 미스 샷을 되새김질하지 말고, 발바닥을 느끼며 하늘도 쳐다보고 나무에도 눈길을 보내자. 마음의 안정을 찾고 힘을 얻을 수 있을 것이다.

장생보법의 또 다른 장점은 발의 감각을 키울 수 있다는 것이다. 발을 통해 골프 코스에 대해서 많은 것을 배울 수 있다. 잔디의 컨디션, 골프 코스의 경사도, 그린의 부드러움 정도를 발을 통해서 느낄 수 있다. 특히 발바닥을 통해 그린의 경사를 느끼는 것은 퍼팅에 많은 도움이 된다.

골프 코스에서의 걸음을 단지 이동 수단으로 생각하지 말고 당신의 골프 게임을 향상시켜줄 수 있는 셀프 힐링과 리셋의 수단으로, 마음의 평정을 회복하는 명상으로 삼아보자. 언젠가 누군가가 내게 어떤 골프 코스가 걷기에 가장 좋으냐고 물은 적이 있다. 장생보법으로 걸으면 모든 골프 코스가 걷기에 좋은 곳이 된다. 어차피 걷는 것, 이왕이면 장생보법으로 걸어보자.

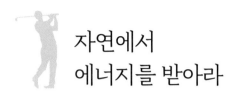

자연에서
에너지를 받아라

골프 코스에서 에너지를 충전하는 다른 좋은 방법은 자연과 교류하는 것이다. 골프 코스 자체는 인공적으로 조성되었지만 자연이 함께 한다. 푸른 잔디와 나무를 볼 수 있고, 탁 트인 하늘을 만날 수 있고, 따스한 햇살과 시원한 바람을 느끼고 새들의 지저귐과 풀벌레 소리를 들을 수 있다.

미국 세도나에서 라운딩을 할 때면 주로 세븐캐년 클럽을 찾는다. 우뚝 솟은 붉은 바위산들과 깊고 푸른 하늘에 둘러싸여 아름답기로 유명한 곳이다. 나는 주로 아침 일찍 골프를 한다. 내가 그날의 첫 번째 티오프를 하는 경우도 흔하다. 사막 위로 떠오른 태양이 아직 대기를 뜨겁게 달구기 전의 청량한 기운이 좋다. 게다가 조용해서 골프 코스를 가득 울리는 새소리가 더 잘 들린다. 물기를 머금은 잔디 때문에 가끔 첫 티홀에서 애를 먹기도 하지만, 신성한 느낌마저 주는 아침의 아름다움은 그것을 상쇄하고도 남는다.

나는 걷는 것을 좋아하지만 세븐캐년 클럽에서 5번 홀만은 카트를 타고 가야 한다. 경사가 매우 심한 오르막이기 때문이다. 처음 5번 홀에 섰을 때 나도 모르게 내가 아는 모든 감탄사를 연이어 내뱉었다. 저 아래로 골프 코스가 한눈에 내려다보이고 마치 내가 땅에서 들어올려져 하늘과 맞닿은 느낌이 들었다. 지금도 그 홀에 서서 손을 뻗으면 닿을 듯한 붉은 바위산들과 그 위로 솟은 하늘을 올려다 볼 때면 경외감이 느껴진다.

골프를 처음 시작할 때는 코스의 모든 것이 나를 방해하는 적처럼 느껴졌다. 모래 벙커와 워터해저드뿐만 아니라 경사진 페어웨이, 좁은 그린 할 것 없이 모든 것이 다 장애물로 보였다. 이제 자주 찾는 골프 코스는 거리낌 없이 속내를 털어놓을 수 있는 오랜 친구처럼 느껴진다. 그런 친구하고는 침묵 속에서도 어색하지 않게 앉아 있을 수 있고 보기만 해도 좋듯이, 그날의 경기 내용과 상관없이 골프 코스를 다녀오는 것만으로도 힘을 얻을 때가 있다. 워터해저드가 내 공을 삼킬 때는 야속하기 그지없지만 중천에 떠오른 태양 빛을 받아 반짝이는 호수를 볼 때면 고맙고 사랑스럽기까지 하다.

골프 코스에서 스코어에만 집중하면 주위의 자연이 눈에 들어오지 않는다. 공만 보지 말고 가끔은 하늘도 보고, 물도 보고, 새소리와 바람소리도 들으며 자연으로부터 에너지를 충전받자. 삭막한 도시를 벗어나 자연의 품에서 노니는 해방감과 자유로움을 마음껏 누리자. 자연물뿐만 아니라 골프의 스윙에서도 자연을 느낄 수 있다. 힘을 빼고 클럽 헤드의 무게를 느끼면서, 내가 그린 스윙 궤도의 힘을 받아 날아가는 공을 보면서 자연법칙인 중력과 원심력이 내 골프를 지지해주는 것을 느껴보자.

우리가 여러 수고로움에도 불구하고 골프에 열광하는 이유는 골프가 재미와 기쁨을 주기 때문이다. 골프의 즐거움을 더 오래 누리기 위해서는 의식적으로 스스로를 힐링하고 에너지를 재충전하는 습관을 들이는 것이 중요하다. 연습이나 라운딩 후에는 몸이 지치지 않도록 스스로에게 치유와 회복의 시간을 제공하고, 골프 코스에서는 장생보법으로 걸으며 자연에서 에너지를 충전받자.

무릎 관절 교체 후에도 골프가 즐겁다

레이네트 크라이치Reinette Krajci
여, 62세, 구력 3년

교사로 일하다가 3년 전 은퇴한 후 골프를 시작했다. 주위에 좋은 퍼블릭 골프 코스가 많다. 남편과 함께 매일 9홀을 돌고 1~2주에 한 번씩은 18홀을 돈다. 날씨가 영상 7도 이하로 내려가거나 비가 내리지 않는다면 겨울에도 그렇게 하고 있다.

8년 전에 단센터 수련을 시작했는데 건강을 유지하고 더 즐겁게 골프를 하는 데 많은 도움을 받고 있다. 힘과 유연성, 균형 감각이 좋아졌고 등과 몸통의 운동 범위를 향상시켜주었다. 단센터 수련을 티 샷 전의 준비 운동으로 활용한다. 골프 코스에 도착하면 먼저 가볍게 걸은 후 주요 근육과 관절을 스트레칭해주는 10분 루틴을 한다. 평소에 균형 감각을 길러주는 운동과 목, 어깨, 손목, 손을 풀어주는 운동을 꾸준히 하고 있다. 특히 손목에 신경을 많이 쓴다. 클럽을 너무 세게 잡으면 다치기 쉬운데 손목 운동이 그립을 더 편안하고 유연하게 해준다.

52세 때 양쪽 무릎을 인공관절로 교체했다. 수술은 잘 되었고 운동 범위도 좋은 편이었지만 단센터 수련을 시작하고 무릎을 꿇는 동작도 할 수 있게 되었다. 그린에서 퍼팅 라인을 확인하기 위해 쪼그려 앉는 것도 문제없다. 골밀도가 5.2퍼센트에서 5.4퍼센트로 높아졌다. 의사가 엄지척을 하며 뭘 하느냐고 물었는데 수련과 골프 덕분이 아닌가 생각한다.

골프를 아주 잘하지는 않지만 나쁜 편은 아니다. 꽤 재미를 느낀다. 최근에는 다른 여성 골퍼들과도 라운딩을 자주 한다. 지금은 골프 게임에서 정확도를 높이는 것과 부상당하지 않는 데 집중하고 있다. 티 샷을 하기 전에 준비 운동을 충분히 하는 데 각별히 신경을 쓴다.

명상과 호흡, 코어를 단련하는 수련은 내게 집중과 중심을 잡는 법을 가르쳐주었다. 주변 상황이 정신없더라도 내면으로 들어가 평정을 유지하고 지금 내가 해야 하는 일, 홀에 공을 넣는 일에 집중할 수 있다.

의식이
골프 경험의 질을
결정한다

골프의 성장 단계

골프 게임에서 멘탈의 중요성을 강조하는 수많은 명언이 있다. 흔히 골프는 육체 활동이 30퍼센트, 정신 활동이 70퍼센트라고 한다. 골프의 전설 잭 니클라우스는 골프에서는 멘탈이 90이고 스윙이 10이라고까지 했다. 하지만 이것은 프로의 세계나 구력이 오래된 노련한 골퍼들에게나 통하는 말이다. 골프를 시작하는 단계에서는 오히려 그 반대다. 70이 육체 활동이고 30이 정신 활동이라고 할 수 있다.

몸으로 골프의 기본 기술을 터득하고 감각을 익히는 것이 먼저다. 스윙이 자연스럽다고 느끼기 전까지 클럽을 1만 번은 휘둘러야 한다. 인생의 많은 것들과 마찬가지로 골프에서도 물리적인 연습을 대체할 수 있는 것은 없다. 기본기를 익히고 스윙이 몸에 익는 단계를 지나 골프를 계속하면 할수록 자신의 마음이 어떻게 골프에 영향을 미치는지 알게 되고 점차 멘탈 게임이 되어간다.

골프의 발전 단계를 에너지로 설명할 수 있는 선도의 원리가 있다. 정충기장신명精充氣壯神明이다. 직역하면 정이 충만하면 기가 장해지고 신이 밝아진다는 것이다. 에너지가 육체적 충만함에서 정서적 성숙함을 거쳐 정신적, 영적 밝음으로 나아간다는 뜻이다. 또한 이것은 몸과 마음과 정신이 따로 노는 것이 아니라 하나가 되어 움직이는 이상적인 에너지 상태를 뜻하기도 한다.

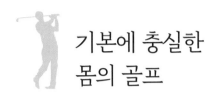

기본에 충실한 몸의 골프

첫 번째 단계인 정충精充은 선도수련에서는 에너지를 터득하고 몸을 단련함으로써 육체적인 힘을 기르는 과정을 일컫는다. 특히 아랫배에 있는 에너지 센터인 단전丹田을 강화하는 것이 핵심이다. 골프에서 정충 단계란 골프의 기초를 몸으로 익히는 것이다. 클럽을 쥐는 법, 셋업 자세, 골프 스윙의 기본을 충실하게 익히고 연습하는 과정이다. 사소해 보이는 작은 움직임이라도 대충하거나 건너뛰지 않고 집중하여 정성을 다해 반복해야 몸에 익는다. 아무리 동영상 강의를 많이 보고 수십 권의 책을 읽어도 연습을 통해 몸으로 익히지 않으면 스윙은 내 것이 되지 않는다. 골프뿐만 아니라 어떤 스포츠나 악기 연주도 일정한 수준에 이르기까지는 무한 반복이 필요하다.

　골프 스윙을 처음 배우거나 스윙 폼을 바꾸려고 할 때 가장 먼저

할 일은 새로운 움직임에 몸이 익숙해지는 것이다. 십 년 이상의 구력으로 좋은 스윙을 하는 사람도 팔 움직임 하나를 바꾸려면 지금까지와는 다른 근육의 패턴, 힘, 감각을 활용해야 한다. 근육이 새로운 움직임과 에너지 패턴을 완전히 익히고 기억할 때까지 인내심을 가지고 반복해야 한다.

골프는 정말 많은 연습이 필요한 운동이다. 프로골퍼들도 자신의 실력을 일정 수준으로 유지하고 향상시키기 위해서 끊임없이 연습하고 정기적으로 코칭을 받는다. 라운딩을 할 때 후배 골퍼들에게 "힘을 어떻게 빼느냐" "어떻게 불안감을 없애느냐"는 질문을 받곤 한다. 그때마다 이 책에서 소개한 여러 명상법과 호흡법을 알려주지만 사실 더 중요한 것은 연습이다. 연습한 만큼 힘이 빠지고 자신감이 생긴다. 연습을 하지 않으면 이 책에서 소개한 여러 심신수련의 기술을 써먹을 기회도 별로 없을 것이다. 꾸준한 연습을 통해 아랫배에 중심을 잡고 몸을 편안하게 이완한 상태에서 균형 잡힌 자세로 스윙을 하면서 정충 단계의 골프가 완성된다.

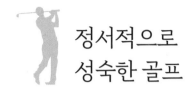

정서적으로
성숙한 골프

골프의 기본을 몸에 익혀 좋은 기초를 만들었다면 기장 단계의 골프에 관심을 기울일 차례다. 에너지 발달 단계에서 기장氣壯이란 정서적성숙과 감정의 균형을 말한다. 선도에서는 이를 위해 가슴에 있는 에너지 센터를 균형 잡히고 열린 상태로 유지하기 위한 수련을 한다.

예전에는 스포츠에서 감정을 이야기하는 것이 이상하게 들렸지만, 지금은 감정이 선수들의 퍼포먼스에 얼마나 큰 영향을 미치는지널리 알려져 있다. 감정은 뇌로만 느끼는 것도, 가슴에만 국한된 것도아니다. 감정은 모든 세포에 영향을 미친다. 극도로 강한 감정은 팔과다리를 마비시키고, 호흡 곤란을 일으키며, 머리를 빙빙 돌게 만든다.우리 몸을 얼음처럼 차갑게도 만들고 탈 듯이 뜨겁게도 만든다. 이런관점에서 보면 감정 관리는 곧 몸 관리이기도 하다.

첫 번째 티 샷을 망치면 속이 울렁거리고 등이 딱딱하게 굳고 다리에 힘이 빠진다. 반면에 긴 퍼트를 성공해서 버디를 내면 몸이 가벼워지고 이완되며 다음 홀을 향하는 발걸음이 자기도 모르게 경쾌해진다. 미스 샷, 나쁜 바운스, 사려 깊지 않은 동반자 때문에 겪는 짜증이나 당혹감을 어떻게 다루느냐는 골프를 즐기느냐 망치느냐를 결정할 만큼 큰 영향을 미친다.

불안하거나 초조한 마음이 올라올 때 이를 알아차리고 다시 평정을 되찾을 수 있는 능력, 연이은 미스 샷으로 경기가 원하는 대로 안 풀려도 마음을 추스르고 다시 심기일전하는 자세, 나는 해낼 수 있다는 믿음과 자신감을 갖고 끝까지 끈기 있게 임하는 자세, 동반자를 존중하고 배려하되 상대방의 경기에 휘둘리지 않는 튼튼한 정신력, 이 모든 것들이 다 정서적 성숙함에 속한다.

라운드 전후의 감정 관리는 경기하는 동안만큼이나 중요하다. 당신은 골프를 하기 전에 어떤 준비를 하는가? 몸과 마음이 충분히 이완된 상태에서 기분 좋은 긴장감과 설렘을 느끼는가? 아니면 잘해야 한다는 지나친 부담감 때문에 몸이 뻣뻣해져 있거나 지난 라운딩의 실수를 반복할까봐 불안해 하는가? 골프 게임 결과에 대해서 어떻게 느끼는가? 수용하는 태도와 유머로 골프 게임의 불가피한 기복을 담담하게 바라볼 수 있는가? 아니면 18홀에서 놓친 짧은 퍼트 때문에 잠을 설치는가?

에너지 발달 단계에서 기장의 전제 조건은 정충이다. 배가 닻을 제대로 내리지 않으면 물살에 떠내려가듯이 정충을 통해 뱃심을 기르지 않으면 감정과 생각의 기복에 휘청이게 된다. 골프에서도 마찬가지다. 불안이나 초조함은 대부분 자신감이 없어서 오는데 자신감을 키울 수 있는 가장 확실한 방법은 기본을 다지고 연습을 많이 하는 것이다. 인생에서도 골프에서도 훈련은 우리를 배신하지 않는다.

정신의 힘을 쓰는
창조적인 골프

골프 게임에서 육체적인 능력과 정서적 성숙함을 개발했다면 이제 다음 단계인 신명으로 나아간다. 신명神明은 정신이 밝아진다, 또는 의식의 수준이 높아진다는 뜻이다. 에너지 발달 단계에서 신명은 뇌의 잠재력이 깨어나 통찰, 직관, 창조성이 최고로 발휘되는 상태다. 우리가 흔히 생각하는 머리 좋은 영리함이 아니라 밝고 환한 정신으로 자신의 삶을 주도적으로 이끌어가고 주위에 긍정적인 영향을 미치는 상태다.

골프는 우리를 행복하게도 슬프게도 만들 수 있다. 한순간에 날아갈듯 기뻤다가 다음 순간에는 나락으로 떨어지는 기분이 들곤 한다. 그래서 골프를 희로애락이 담긴 인생의 축소판이라고도 한다. 인생에서와 마찬가지로 골프에서 겪는 모든 상황은 그 상황에 어떻게 반응하느냐에 따라서 큰 차이를 만들어낸다.

우리는 체형도 서로 다르고 성정도 다르고 골프 경험도 제각각이다. 그런데 골프를 하면서 만나는 여러 상황에서 모든 골퍼가 공통으로 활용할 수 있는 강력한 힘이 하나 있다. 바로 '의식'이다. 의식은 곧 에너지 상태라고도 할 수 있는데 고정된 것이 아니라 상황에 따라 하루에도 수차례 바뀐다. 두려움, 열등감, 불안, 우울, 무기력, 분노 같은 상태부터 자신감, 용기, 기쁨, 사랑, 평화에 이르기까지 다양한 스펙트럼을 오간다.

하지만 사람마다 주로 머무는 의식과 에너지 상태가 있기 마련이다. 일종의 베이스캠프처럼 계속 되돌아가게 되는 어떤 의식의 영역이 있다. 이것은 우리 인생을 지배하는 습관적인 정보의 종류나 질이라고도 할 수 있다. 쉽게 말해서 평소에 자신의 선택과 결정에 영향을 미치는 생각이나 감정 패턴이다.

이러한 패턴은 우리 삶에 긍정적으로도 부정적으로도 작용하는데 기본적으로는 두 가지로 나누어볼 수 있다. 하나는 피해의식이고, 다른 하나는 주인의식이다.

피해의식의 가장 큰 특징은 관점이 바깥을 향해 있는 것이다. 피해의식에 빠지면 자신에게 문제가 생겼을 때 다른 사람이나 환경을 탓한다. 자신이 느끼는 감정도 누가 내게 한 말이나 행동, 나에게 일어나거나 혹은 일어나지 않은 일 때문이라고 생각한다. 피해의식은 반드시 부정적인 상황하고만 연결되어 있는 것이 아니다. 기분 좋고 긍정적으로 보이는 상황 뒤에도 피해의식이 숨어 있을 수 있다. 행복이나 기쁨이 어떤 사람이나 특정한 환경에 달려 있다고 믿는다면 그 또한 피해의식이다. 내 밖에서 일어나는 일이 내 인생을 좌우한다는 의식은 필연적으로 걱정, 근심, 분노, 우울, 무기력으로 이어진다. 왜냐하면 원인 자체가 외부에 있다고 생각하기 때문에, 원인이 된 상황이 바뀌지 않으면 자기 삶이 결코 달라지지 않는다고 믿기 때문이다.

반면, 주인의식은 시각이 자신의 내면에 집중되어 있는 것이다. 인생에서 일어나는 모든 사건이나 상황을 통제할 수는 없지만, 내 인생을 어떻게 경험하는가는 대부분 내가 결정할 수 있다고 생각하는 것이다. 자신에게 안 좋은 일이나 힘든 일이 생겼을 때 이런 의식을 유지하기는 쉽지 않다. 하지만 그렇게 할 수 있다면 어두운 인생의 밤바다를 항해할 때 북극성처럼 우리를 비추는 영감과 힘의 원천을 갖게된다. 내 인생은 내가 스스로 창조한다는 굳건한 믿음과 의지를 가질 수 있다.

감사하게도 골프는 우리에게 이 두 가지 의식을 실험할 수 있는 장을 제공한다. 100세 골프가 절실한 골퍼라면 주인의식에서 오는 자기주도성이 일과 삶에서 얼마나 중요한지 충분히 알고도 남을 만큼 오래 살았을 것이다. 하지만 우리가 인생으로부터 이미 배워서 잘 알고 있는 지혜라 할지라도 그것을 골프 코스에서 적용하는 것이 쉽지만은 않다. 골프 게임은 피해의식과 주인의식의 본질을 적나라하게 드러내주고 매 순간마다 우리에게 더 도움이 되는 의식을 선택할 기

회를 준다. 자신의 의식을 밝히는 신명의 골프를 하고자 한다면 아무
리 힘든 상황에 처해도 오뚝이처럼 주인의식으로 돌아가 최선을 선
택하기 위해 노력해야 한다.

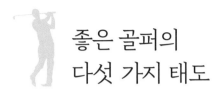

좋은 골퍼의
다섯 가지 태도

주인의식 없이 골프를 하면 좋은 스코어를 기대할 수 없다. 주인의식을 가진다고 해서 항상 최상의 스코어를 갖기는 어렵겠지만 적어도 자기 자신과 동반자들을 존중하고, 건강하게 게임을 즐기는 좋은 골퍼는 될 수 있다. 나는 지금껏 골프를 함께 해온 동반자들과 나 자신의 골프 경험을 통해 좋은 골퍼가 되는 데 필요한 다섯 가지 태도를 배웠다. 골프에서 다섯 가지 태도를 훈련하면 골프는 스포츠를 넘어 정신과 인격을 수양하는 신명의 여정이 된다.

첫째, 자기 수용하기
골프는 생명이 없는 골프공과 클럽을 가지고 하지만 골프 자체는 생생하게 살아 있다. 클럽과 골프공에 몸과 마음, 에너지의 상태가 그대로 실리기 때문이다. 자신의 컨디션뿐만 아니라 그날의 햇볕과 바람, 코스의 상태, 주변 환경의 모든 것이 스윙에 실린다. 그래서 단 한 번도 같은 스윙, 같은 공이 없다. 골프는 그 어느 스포츠보다 점수와 경기 내용의 진폭이 크다. 변화가 큰 만큼 유연하고 탄력적인 자세가 필요한 운동이다.

자신이 지금 어떤 골프를 하고 있든 우선은 그것을 부정하지 않고 받아들여야 한다. 더블파든, 더블보기든, 탑핑이든, 뒤땅이든, 생크든 현실을 있는 그대로 받아들이는 것이다. 현실을 부정해서는 현실을 극복할 수 없기 때문이다.

이것은 체념이나 포기, 수동적인 태도를 가지라는 뜻이 아니다. 긍정적인 변화는 무엇을 변화시킬지 아는 것에서부터 시작한다. 자신의 현재 상태를 부정하면서 원하는 변화를 만들어낼 수는 없다. 자신의 골프를 있는 그대로 정직하게 느끼고 받아들이는 과정이 없으면, 문제가 해결된 듯하다가도 다시 원래대로 돌아간다. 골프 경험이 제자리를 빙빙 돌거나 수평 이동만 할 뿐 질적으로 수직 상승하지 않는다. 있는 그대로의 자기 골프를 받아들이지 않는 습관이 심해지면 OB가 나서 잃어버린 공을 남몰래 바꿔치기하는 것 같은 돌이킬 수 없는 멘탈 붕괴를 맞게 될 수도 있다.

현실을 수용한다는 것은 단지 스코어나 기술에만 해당하는 것이 아니다. 골프의 육체적, 정신적, 영적 경험 모두에서 현실을 수용하는 자세가 필요하다. 장애물을 만났을 때 쉽게 체념하고 타협하는 자신의 모습이 보이는가? 이겨야겠다는 욕심 때문에 동반자의 게임을 은근히 방해하거나 게임에 지고 옹졸하게 구는 모습이 보이는가? 잘 하고 싶은 마음에 자신의 몸과 마음을 팽팽한 고무줄처럼 긴장시키는 것이 느껴지는가? 그 모든 것들을 정직하게 받아들여야 한다. 그런 모습을 볼 수 있는 자신의 의식에 감사하며 기뻐하자. 현재 어떤 상태에 있든지 그 상태를 자각하고 있는 그대로 받아들이는 자세, 내가 이 상태를 만들었듯이 내가 바꿀 수도 있다는 믿음이 있을 때 다음 단계로 나아갈 수 있다.

둘째, 자기 사랑하기

게임이 잘 풀리면 자신이 멋져 보이고 그렇지 않을 때는 지지리 못나 보인다. 동반자들이 아무리 격려해도 겉으로는 애써 입꼬리를 올리지만 속으로는 자기 자신을 타박하기 쉽다. 사실 그런 순간에 우리에게 필요한 것은 자기 자신에 대한 절대적인 믿음과 사랑이다. 공이 잘 쳐질 때 기분이 좋고 스스로가 대견하게 느껴지는 것은 당연하기 때문에 따로 훈련할 필요가 없다. 골프가 원하는 대로 안 되고 포기하고 싶은 마음이 들 때, 스스로에 대한 사랑과 믿음이 가장 필요하다. 스스로를 사랑하고 격려하는 것도 훈련이다.

골프를 하는 어떤 순간에도 자기 자신을 사랑하는 훈련을 해보자. 100타를 깨야만, 비거리가 250미터는 나와야만, 싱글이 되어야만 나를 인정하고 사랑할 수 있는 것이 아니다. 지금의 부족한 나를 인정하고 사랑하면 내 골프가 제자리걸음을 하게 될 거라는 두려움을 버리자. 어떤 조건이 채워져야만 나를 인정하고 사랑할 수 있다는 생각이 골프뿐만 아니라 인생의 모든 게임에서 우리의 성장을 방해한다. 골프 게임의 내용이 마음에 들지 않는 날이라도 그날 자신이 잘 한 부분이나 새로 배운 것을 찾아서 스스로를 칭찬해보자. 내가 가장 사랑하는 사람이 골프를 처음 배운다면 분명 작은 발전에도 칭찬을 아끼지 않고, 실수를 하더라도 격려하며 다독여줄 것이다. 40년 구력의 골퍼라도 매 라운드에서 스스로에게 그런 사랑과 응원을 보낼 수 있어야 한다.

셋째, 감사하기

2021년 4월, 일본의 마쓰야마 히데키松山英樹가 아시아인 최초로 마스터스에서 우승했다. 마쓰야마는 첫 메이저 우승으로 관중들을 열광시켰지만 그날 못지않게 큰 인상을 남긴 이는 그의 캐디인 하야후지 쇼타早藤翔太였다. 마쓰야마가 18번 홀에서 마지막 퍼트를 성공시키자 하야후지는 우승자에게 기념으로 주어지는 깃발을 떼어낸 후 깃대를 다시 홀에 꽂았다. 그러고는 모자를 벗고 오거스타 내셔널 골프장을 향해 정중히 고개를 숙여 인사했다.

하야후지는 한 인터뷰에서 이렇게 말했다. "제 마음이 감사함으로 가득 차서 그냥 표현하고 싶었을 뿐입니다." 그의 아름다운 행동은 PGA투어 선수들부터 집에서 생중계를 지켜보던 팬들까지, 전 세계

골퍼들에게 깊은 감동을 주었다. 우리가 골프를 통해 추구하는 높은 이상과 정신의 세계로 순간이동 한 듯했다. 하야후지의 마음에서 우러난 감사함이 우리 내면의 감사함을 일깨운 숭고하기까지 한 순간이었다.

'마스터스에서 우승했으니 감사함을 느끼는 것은 당연하지!' 이렇게 생각하는 사람도 있겠지만, 내 생각은 다르다. "감사할 일이 있어야 감사하죠."라며 볼멘소리를 하는 사람들에게 내가 자주 하는 말이기도 한데, 환해서 불을 켜는 것이 아니라 어두우니까 불을 켜는 것이다. 내 골프가 만족스러워서 감사하는 것이 아니라, 더 충만한 골프를 원하기 때문에 감사하는 것이다.

골프 코스에서 뇌의 컨디션을 체크할 수 있는 아주 간단한 방법이 있다. 긍정적이고 감사한 마음을 갖고 있는가, 아니면 불평불만과 부정적인 생각에 빠져 있는가를 살펴보는 것이다. 계속 불평을 하거나 궁색한 변명과 핑계를 늘어놓고 있다면 뇌의 불을 스스로 꺼버린 상태다.

감사하려고 마음먹으면 감사할 것들이 너무 많다. 야외에 나와 골프를 즐길 수 있다는 것만으로도 얼마나 감사한 일인가. 함께하는 동반자들과 캐디에게도, 골프공과 클럽에도, 오늘의 바람과 햇살과 공기에도 감사한 마음을 가질 수 있다. 감사의 힘을 잘 활용하는 사람은 더블파를 하고서도 이제 바닥을 쳤으니 좋은 일만 남았다고 감사하는 마음을 가질 수 있다. 어떤 사람은 실력 없는 골퍼의 자기 위안이라고 코웃음을 칠지도 모른다. 하지만 더블파를 곱씹으며 동반자들에게 시한폭탄을 끼고 라운딩을 하는 느낌을 주는 것보다는 훨씬 뇌를 잘 쓰는 방법이다. 조금만 기분이 나빠도 기분 나쁜 것을 크게 부풀리는 사람이 있는가 하면, 아주 작은 일에도 감사하고 그 감사함을 표현하는 사람이 있다. 성격의 차이가 아니라 의식의 차이다.

어떤 수준의 골퍼라도 노력할 수 있음에 감사할 수 있다. 노력하다 보면 자기 스스로가 대견해 보일 때가 있다. 아무도 자기를 응원하지 않을 때 스스로를 격려하고 스스로에게 힘을 줄 수 있는 사람은 밝고 환한 마음, 신명의 의식을 가진 사람이다. 자기 자신에 대한 사랑과 감사를 훈련하여 습관이 된 사람은 주위 사람에게도 긍정적인 영향력을 미칠 수 있다. 자기 자신에 대한 사랑이 성장하여 다른 사람을 사랑하고 배려하는 홍익이 된다.

넷째, 긍정하기

앞서 기장 단계에서 정서적 성숙함과 감정 조절에 관해 이야기했다. 흔히 감정을 '다스린다'고 하는데 신명 단계에 가면 감정을 창조할 수도 있다는 것을 알게 된다. 마음속에서 올라오는 불안을 다스려 잠재우는 데 그치지 않고 뿌듯한 마음과 기쁨, 행복감을 스스로 만들어 낼 수 있다. 자신의 정신으로 새로운 에너지를 창조하는 것이다. 한마디로 스스로 기분과 분위기를 바꾸는 것이다.

좋지 않은 일이 일어나면 부정적인 감정이 생기는 것은 당연하다.

중요한 것은 부정적인 감정에 사로잡혔을 때 그것을 인지하는 자각 능력과 즉각 에너지를 전환할 수 있는 실행력을 갖는 것이다. 부정적인 정보와 에너지로부터 자신을 재빨리 분리하고 새로운 에너지를 창조해야 한다. 어떤 상황에서도 자기 자신의 생각과 감정, 행동을 바라보는 자신의 정신, 의식을 느끼고 그것을 활용하는 상태가 신명이다.

계속해서 공이 러프로 날아가거나 OB가 나면 누구나 짜증이 난다. 그때 속은 부글부글 끓는데 겉으로만 괜찮은 척 억누르는 것이 아니라 그런 상황과 자기 자신을 담담히 바라보며 웃을 수 있고 스스로 긍정적인 에너지를 창조한다면 자신의 정신과 의식을 쓴 것이다. 좋은 유머로 동반자들 사이에 감도는 긴장감이나 썰렁함을 유쾌한 분위기로 전환하는 것도 정신을 쓰는 것이다.

동전의 양면처럼 빛이 있는 한 그림자는 있게 마련이다. 골프에 그림자가 없기를 바랄 수는 없다. 밝은 정신, 신명을 쓰는 사람은 불안과 초조와 두려움이 없는 사람이 아니라 그런 상황에서도 빛을, 희망과 긍정을 선택하는 사람이다. 아무리 어려운 환경에 처해 있다 할지라도 다른 사람이나 상황을 탓하지 않으며, 그 안에서 자신에게 도움이 되는 것을 찾아내고 배울 수 있는 사람은 밝은 정신을 가진 신명 단계의 골퍼다.

다섯째, 양심을 지키기

골프 코스에서는 골퍼의 인성과 성품이 적나라하게 드러난다. 함께 라운딩을 해보면 그 사람에 관해서 참으로 많은 것을 알 수 있다. 자기밖에 모르는 싱글핸디캡 골퍼보다는 스코어는 떨어져도 매너 좋은 골퍼와 라운딩을 할 때가 더 즐겁다. 골프의 품위를 존중하며 겸양의 미덕을 갖추고 인생에 관해 진솔한 대화를 나눌 수 있는 동반자와 함께 하는 골프는 두고두고 마음에 남는 행복한 경험이다.

골프의 신사도는 사려 깊은 태도로 상대방을 존중하고 배려하되 자신에게는 한없이 엄격하고 절제가 따르는 매너를 요구한다. 매너가 좋다는 것은 단지 규칙을 잘 지킨다는 뜻이 아니다. 방향제는 보이지 않는 곳에 두어도 향기를 통해 그 존재를 알 수 있듯이, 좋은 매너는 일부러 꾸미지 않아도 내면으로부터 자연스럽게 우러난다. 무심코 하는 말 한마디, 행동 하나하나에 그 사람의 인성이 드러난다.

골프는 심판도 없고 자신의 스코어도 본인이 기록하는 탓에 많은 골퍼들이 수시로 부정과 양심 불량의 유혹을 느낀다. 그린에서 일부러 공을 자신에게 유리한 위치로 옮겨놓는 이들이 있는가 하면, 고의로 스코어를 속이는 이들도 있다. 그렇게 해서 당장의 위기를 모면하거나 경기에서 이길 수는 있지만 더 중요한 것을 잃는다. 양심을 저버리면 자기 자신에 대한 당당함과 자신감을 잃는다. 자신의 정신이 와르르 무너지는 것이다.

양심은 우리 안에 있는 밝은 마음이다. 양심이 있기 때문에 우리는 스스로 옳고 그름을 판단하고, 말과 행동 그리고 앎과 실천 사이에 불일치가 있을 때 불편을 느끼고, 그 차이를 극복하고자 하는 마음을 낸다. 골프 코스에서 자신의 양심을 저버리는 행동을 자주 한다면 신명의 골프와는 영원히 멀어질 수밖에 없다.

공자는 나이 칠십을 종심從心이라 하여 "마음이 하고자 하는 대로 하더라도 절대 법도를 넘지 않았다"라고 고백했다. 골프 코스에서 종심을 지킬 수 있다면 자기 안의 신을 환하게 밝힌 것이니 스스로를 칭찬할 만한 일이다.

골프를 통해
나를 찾고 실현한다

골프가 마냥 즐겁기만 한 것은 아니다. 수고로움, 불편함, 괴로움이 따른다. 그런데도 이 모든 것을 감내하며 골프를 계속하는 이유는 무엇일까? 새로운 자기 모습을 발견하고 실현하는 성장의 기쁨이 있기 때문이 아닐까? 골프의 목적을 단순히 타수에 두는 것이 아니라 자기 자신, 함께하는 동반자들, 자연과의 교류를 통해 자신을 성장시키는 과정에 둔다면 신명의 골프에 가까이 갈 수 있다.

목표를 정하고 골프 연습을 하다 보면 성공할 때도 그렇지 못할 때도 있다. 골프는 성공했을 때만 실력이 느는 것이 아니다. 그러니 어떤 식으로든 계속 시도하고 실행하는 것이 중요하다. 골프 기술을 단번에 습득하거나 골프장에서의 습관이나 태도를 금방 바꿀 수는 없다. 조급해 하지 말고 그저 진실한 마음으로 꾸준히 연습하며 목표를 해냈을 때 기뻐하면 된다. 만약 해내지 못했을 때는 자신을 질책하는 대신 그런 현재를 담담하게 인정하고 그 경험을 통해서 배우면 된다.

목표를 이루기 위한 훈련에는 성공과 실패가 없다. 내가 이루고자 하는 골프 목표를 향한 끊임없는 도전과 경험이 있을 뿐이다. 성공도 실패도 아닌 자기 성장의 길이다. 자신의 한계를 알고 그 안에서 골프를 하지만 그 한계를 조금씩 넓히기 위해 도전하는 것, 그것이 골프의 즐거움이다.

골프 환경은 늘 바뀐다. 내 몸의 상태도 바뀌고, 동반자도 바뀌고, 골프 코스의 자연도 바뀐다. 그런 변화 속에서도 언제나 나와 함께 하는 것이 있다. 나를 보는 나, 나의 의식이다. 의식의 불을 환히 밝히고 만나는 모든 환경을 내가 배우고 활용할 무대라고 생각하며 환경에 지배당하지 않는 골퍼에게는 아름다운 향기가 난다.

100세 무렵이 되어 골프 코스에 섰을 때 그의 몸은 전보다 작아져 있고 걸음은 느려졌어도 그의 정신은 부드러운 미소와 밝은 눈빛을 통해 빛난다. 그는 편안하게 클럽을 들어 부드럽고 자연스럽게 자신이 할 수 있는 최선의 스윙을 한다. 어떤 공이 나와도 그의 얼굴에는 잔잔한 미소가 사라지지 않고, 그의 눈은 다음 공에 대한 호기심으로 반짝인다. 침묵 속에 간간히 나오는 그의 말에는 삶의 지혜가 우러나 듣기에 좋고 오래도록 마음에 남는다. 내가 그리는 신명에 다다른 어르신 골퍼의 풍모다.

골프의 목적을 어디에 두느냐에 따라 골프는 자신의 정신을 밝히고 인격을 수양하는 영적인 수행이 될 수 있다. 끊임없는 자기계발과 성장의 발판이 되고, 자신을 창조적으로 표현하는 예술이 될 수도 있다. 골프를 통해서 찾는 '나'는 수행자들이 찾는 '나'와 다를 바가 없다. 우리의 인생은 그 '나'를 찾고 실현하는 과정이다. 골프 또한 마찬가지다.

나를 비우고
집착을 내려놓는 절 명상

골프를 인격 수양으로 삼는 신명의 골프를 위해 도움이 되는 명상법을 한 가지 소개한다. 절을 하는 것이다. '절 명상' 하면 108배를 떠올리며 특정 종교를 연상하는 이들이 많지만 그런 선입견을 버리면 훌륭한 운동이자 명상법이 된다. 절 명상은 대표적인 수승화강 운동이기도 하다. 지속적으로 하체를 움직이기 때문에 머리에 몰렸던 기운이 다리와 발로 내려오면서 머리가 맑아지고 하체가 튼튼해진다. 몸의 중심과 균형을 잡아주고 마음을 편안하게 이완해준다.

절 명상은 몸을 낮추어 이마를 땅에 대었다가 다시 일어나는 동작을 원하는 숫자만큼 반복하는 아주 단순한 몸놀림이다. 양발을 모으고 편안하게 선다. 양손으로 원을 크게 그려 머리 위에서 합장한 다음 가슴 앞으로 내린다. 상체를 숙이고 무릎을 천천히 굽히면서 내려가

이마를 바닥에 대고 엎드린다. 엉덩이로 발뒤꿈치를 깔고 앉아 상체를 일으키고 손을 다시 합장한다. 다리에 힘을 줘 탄력 있게 일어나 처음과 같은 자세로 돌아온다.

위의 동작을 20배, 50배, 100배 등 숫자를 정해서 반복해도 되고 10분, 15분 시간을 정해두고 해도 된다. 무릎이 안 좋은 사람은 절하는 동작을 천천히 하는 것이 좋다. 절을 하다가 숨이 가빠진다면 속도가 너무 빠른 것이니 그때는 호흡을 가다듬고 더 천천히 한다.

절 명상은 겉으로는 별다른 변화가 없는 동작을 지루하게 반복하는 것처럼 보인다. 하지만 계속 절을 하는 동안 낡은 것을 내보내고, 집착하던 것들을 내려놓고, 저항 대신 수용을 배운다. 그러는 사이 자기도 모르게 몸과 마음이 가벼워진다.

절 명상과 골프는 비슷한 데가 있다. 연습에 많은 시간을 써도 별반 나아지지 않고, 늘 비슷한 문제로 고민하며 공을 치는 것 같지만 어느 순간 성장해 있는 자신을 발견하곤 한다. 그렇기 때문에 피할 수 없는 골프의 스트레스에도 불구하고 믿음과 희망을 갖고 계속 골프를 한다. 골프의 오르막과 내리막을 경험하면서 더 나은 골프를 위해 샷을 더 연습하고 라운딩을 한 번 더 한다.

골프를 하며 느끼는 괴로움은 있는 그대로의 자신을 완전히 받아들일 때만 줄어들 수 있다는 것을 몸을 낮춰 이마를 바닥에 대면서 배운다. 낮추었던 몸을 다시 일으켜 세우며 모든 장애에도 불구하고 끊임없이 성장할 수 있다는 것을 믿는다. 절을 마치고 조용히 앉아서 심장의 박동과 들고 나는 숨결을 느끼며 마음의 평화와 중심을 회복한다. 골프에 대한 사랑과 감사함을 느낀다. 다시 라운딩을 할 생각에 가슴이 설렌다.

62년 골프 인생에서
가장 만족스러운 골프를 하고 있다

제이 오디스Jay Odice

76세, 남, 구력 62년

4년 전 단센터에서 기 수련을 시작했다. 일지 리의《나는 120살까지 살기로 했다》도 읽었다. 남은 내 인생을 설계하는 데 영감을 얻었고 책 내용들을 생활에 적용하고 있다. 꾸준히 기 수련과 명상 수련을 함으로써 체력과 균형 감각이 향상되었고 일부러 노력하지 않았는데도 살이 7킬로나 빠졌다.

가장 큰 변화는 골프 게임에서 나타났다. 나는 62년 동안 골프를 했다. 20대에는 핸디캡이 6이었고 토너먼트 게임에서 우승도 했다. 지난 골프 시즌에서 핸디캡이 4.5타나 낮아졌다. 10년 동안 타수에 거의 변화가 없었는데 말이다. 골프를 전보다 더 많이 하지도 않았고 레슨을 받지도 않았다. 수련하면서 유연성과 몸의 가동 범위가 눈에 띄게 좋아진 것이다. 일반적인 골프 준비체조 대신에 단센터에서 배운 두드리기와 스트레칭을 하는데 효과가 탁월하다.

나를 가장 행복하게 하는 것은 뇌를 활용해 내 스윙의 여러 부분을 개선할 수 있게 된 것이다. 스윙에서 힘이 아니라 에너지를 쓰는 법을 터득했다. 스윙할 때 한 움직임에서 다른 움직임으로 이동하는 데는 0.1초도 안 걸리지만 그 움직임들이 하나하나 섬세하게 느껴졌다. 클럽이 순간순간 어느 지점에 있는지 명료하게 느낄 수 있었다. 내가 서두르는지, 공이 어떤 방향으로 가는지, 클럽을 너무 급하게 올리거나 내리지는 않는지 느껴졌다. 사물이 느리게 움직이는 것 같았고 스윙하는 동안 자각 능력을 유지할 수 있었다. 백스윙에서 몸을 틀 때도 어느 지점에서 멈추는지 느껴졌고, 이를 조절할 수 있었다. 이것은 내게 굉장한 발견이었고, 골프 게임에서 놀라울 만큼 유리하게 작용했다. 그 결과 더 큰 자신감과 제어력을 가지고 공을 치고 있다.

생각을 많이 하면 스윙에 방해가 된다. 의식적으로 뇌를 비우는 것이 중요하다. 그래야 생각하지 않고 내게 가장 자연스러운 스윙을 할 수 있다. 어깨는 완전히 이완되어야 한다. 스윙을 하기 전에는 어떻게 할지 생각하지만 그 다음에는 몸이 알아서 스윙을 하도록 맡긴다.

지금도 주 3회 골프를 한다. 62년 골프 인생에서 지금 가장 만족스러운 골프를 하고 있다. 비거리는 220~250미터이고, 20대 때보다 더 멀리 나간다. 물론 기술이 발달해서 장비가 좋아진 덕도 있지만. 올해 내 목표는 어렵기로 소문난 시카고의 블랙스톤 골프 코스에서 76타를 쳐서 에이지 슈터가 되는 것이다.

내 골프 친구들은 다들 운동신경이 좋다. 70~80대지만 여전히 좋은 게임을 한다. 이번 시즌에만 에이지 슈팅을 세 번이나 한 사람도 있다.

247

2주 전에 함께한 동반자는 94세였다. 그는 드라이버 샷도 잘 날렸고, 퍼팅을 할 때도 머뭇거리는 법이 없었다. 그와 브리지 게임도 함께 했는데 집중력과 에너지가 대단했다.

하지만 대부분의 골프 친구들은 새로운 것을 시도하기를 싫어한다. 늘 해오던 대로 하는 것을 좋아한다. 다행히도 나는 변화를 좋아하고 뭐든지 한번 해보자고 생각한다. 해보지 않으면 그것이 내게 도움이 되는지 안 되는지 알 수 없지 않은가. 직접 해보지 않고 이해할 수 있는 것은 그다지 많지 않다. 골프 코스에서도 이런 마인드를 유지하려고 노력한다. 명상 수련이 내게 무엇을 하든 새롭게 바라보고 새롭게 하도록 도움을 주었다. 매번 샷을 할 때마다 새로운 느낌과 방식으로 한다. 더 창조적일 수 있고 내 몸과 마음을 그 전에 썼던 것과는 다른 방식으로 사용할 수 있다.

| 3부 |

골프와 인생

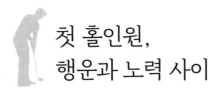 첫 홀인원,
행운과 노력 사이

골프를 시작한 지 5년쯤 되었을 무렵이다. 제주도 출장 중에 라운딩을 할 기회가 있었다. 서귀포 앞바다와 산방산이 바라보이는 아름다운 골프 코스였다. 특별할 것 없는 심심한 플레이를 하다가 11홀에 도착했다. 약 150미터 길이의 파3홀이었다. 티잉 그라운드에 섰는데 그린 바로 앞의 언덕 때문에 겨우 홀의 깃대 꼭대기만 보였다. 동그랗게 불룩 솟은 언덕은 꼭 무덤 같았다.

6번 아이언으로 셋업 하고 샷을 날렸다. '따악!' 경쾌한 타구음이 듣기 좋았다. 공이 제법 높이 솟아서 그린 앞에 있는 언덕을 넘어 깃대를 향해 날아가는 모습이 보였다. 공은 내가 보이지 않는 곳에 떨어졌고 나는 티를 주우러 갔다.

갑자기 그린 주변에서 시끄러운 소리가 들렸다. 몇몇 사람들이 소리를 지르면서 손을 흔들고 있었다. 웬 소란인가 싶었다. 그린에 도착해서야 내 공이 이미 홀컵 안에 들어갔다는 것을 알았다. 첫 홀인원이었다.

골프장에서는 내게 홀인원 컵과 인근의 최고급 호텔에서 3일간 머물 수 있는 숙박권을 선물로 주었다. 나보다 더 흥분한 동반자들에게 맛있는 밥도 샀다. 당연히 기뻤지만 얼떨떨하기 그지없었다. 별로 노력도 하지 않았는데 나보다 월등한 사람들을 제치고 상을 받은 것처럼 멋쩍고 미안한 기분마저 들었다. 동반자들 중에는 어엿한 싱글 플레이어도 있었다. 당시에 나는 주로 골프 연습장만 다녔고 몇 달에 한 번씩 가뭄에 콩 나듯이 필드에 나가는 정도였다.

초보 골퍼 시절에 선배들한테 자주 듣던 말이 있다. 운칠기삼運七技三. 골프에서 운이 7이고, 기술이 3이라는 말이다. 그때는 속으로 피식 웃으며 생각했다. '그게 말이 되나, 기술이 7이라면 모를까. 그렇게라도 위로를 해야 마음이 편한 거겠지.'

그런데 내 생애 첫 홀인원에서는 운이 확실히 모든 것을 앞섰다. 물론 좋은 스윙을 했어야 했다. 하지만 깃대 아래쪽을 볼 수도 없었고, 홀 근처의 그린 경사가 어떤지도 모르고 쳤다. 앞 조의 캐디가 말하길, 내 볼은 홀컵을 약간 지난 지점에 떨어져서 잠시 멈춰 있다가 경사를 타고 굴러서 홀컵으로 들어갔다고 한다. 내가 알 수 없는 어떤 힘이 작용했다는 것을 인정하지 않을 수 없었다.

골프를 하면 할수록 내 생각은 운칠기삼 쪽으로 기운다. 정말 운이라고밖에 할 수 없는 경우를 많이 만난다. OB가 날 공이 나무에 맞고 페어웨이 가운데로 멋지게 떨어지기도 하고, 홀컵을 1미터나 지나친 공이 뒷걸음질을 쳐서 홀컵으로 빨려 들어가기도 한다. 그런가 하면 시원한 장타를 날리고 투온을 기대하며 갔는데 하필 젖은 땅에 떨어져 공의 탑만 겨우 보여 낭패를 보는 일도 있다. 사막지대인 미국 애리조나에서 골프를 할 때는 공이 선인장 가시에 박혀서 내려오지 못하는 때도 더러 있다.

골프에서나 인생에서나 운이 7할이라고 생각하는 것이 도움이 될 때가 있다. 이것은 결코 본인의 노력이나 역량이 중요하지 않다는 말이 아니다. 내가 갈고 닦은 스윙을 맞바람이나 매너 나쁜 동반자가 망쳤다는 푸념을 두둔하거나 위로하려는 것도 아니다. 빠져나올 수 없는 운명의 굴레가 이미 정해져 있다는 말은 더더욱 아니다.

나는 자신의 가치와 삶의 목적을 발견한 사람이라면 스스로 자신의 운명을 창조한다고 믿고 있다. 어떤 길을 가든 목적지가 분명하고 그 목적지를 잊어버리거나 포기하지만 않는다면, 때로는 장애물이 있어 돌아갈 수도 있고, 지쳐서 쉬어갈 때도 있지만 결국은 목적지에 도착하거나 적어도 가까이에 가게 된다.

운칠기삼을 이렇게 해석하고 싶다. "어떤 일이든 하겠다고 마음먹으면 포기하지 말고 끝까지 최선을 다하되 7할은 하늘의 덕이라고 생각하라." 끊임없이 변하고 움직이는 천지자연의 흐름, 시간과 공간이라는 우주적 조건이 운이다. 그 흐름이 개인에게 때로는 좋게도, 나

쁘게도 작용한다. 운은 우리가 통제할 수 있는 것이 아니다. 그러나 노력도 하지 않은 사람에게 매번 운이 따라주지는 않는다. 운도 최선을 다한 사람에게 더 자주 찾아온다.

노력을 하면 할수록 실력이 늘고, 실력이 늘면 좋은 기회가 많이 생긴다. 좋은 기회를 잘 잡으면 좋은 일이 많이 생긴다. 좋은 일이 많이 생길수록 운이 더 좋은 것처럼 느껴진다. 70퍼센트 아니 그 이상이 하늘이나 다른 사람들의 도움인 것처럼 느껴진다. 때로는 내가 아무것도 하지 않는데 모든 것이 저절로 이루어지는 것처럼 느껴지기도 한다. 그런 경우라도 깊이 들여다보면 실제로는 내가 많은 일을 하지만, 지금 여기에서 시간과 공간에 저항하지 않고 그 흐름을 타며 움직이기 때문에 수월하게 느껴지는 것뿐이다.

우리들 마음속에 영원한 골프 여제로 남아 있는 박세리 감독은 거의 모든 인터뷰에서 "나는 정말 운이 좋았다"라고 말한다. 어느 누가 그 자리에 오른 것을 운이라고 생각하겠는가. 그가 얼마나 지독한 연습벌레였는지를 짐작하게 하는 일화가 있다. 10대 때 그의 아버지가 아침에 연습장에 내려주고 저녁 늦게까지 일이 있어 데리러 가는 것을 깜박했다. 집에 도착해서야 그 사실을 깨닫고 놀라서 연습장으로 달려갔는데 박세리는 밤 12시가 넘은 시간까지 혼자 연습하고 있었다고 한다. 골프의 전설 게리 플레이어는 "연습을 하면 할수록 운이 좋아진다"라고 했고, 버진그룹 회장인 리처드 브랜슨은 "운은 준비한 자를 좋아한다"라는 말을 남겼다.

"나는 참 복이 많은 사람이다." 내게는 이 말이 나의 뇌를 응원하는 다독임이고 희망을 꺼뜨리지 않는 불쏘시개다. 이 말을 수십 번 되뇐 날이 있다. 한국을 떠나 미국에 뇌교육과 명상을 보급하기 위해 뉴욕 JFK 공항에 도착한 날이다. 공항에서 가방과 초기 정착금으로 가져온 돈을 몽땅 소매치기당했다. 눈 깜짝할 사이에 일어난 일이었다. 망연자실했다. 미국에 오지 말라는 신호인가. 다시 한국으로 돌아가야 하나. 별별 생각이 다 들었다.

미국 진출을 위한 발걸음을 거기서 멈출 수는 없었기 때문에 상심한 뇌를 이렇게 다독여주었다. "미국이 내게 어떤 큰 복을 주려고 이렇게 특별한 환영식을 열어준 것일까. 나는 참 복이 많은 사람이야. 다음에 올 행운이 정말 기대된다." 나는 5,000달러를 소매치기 당한 것이 아니라 뉴욕시에 기부했다고 생각하기로 했다. 그리고 미국에서 10년 안에 기부액의 천 배를 벌겠다고 마음먹었다.

지독한 악운처럼 보였던 그 사건은 내 열정에 불을 지피는 동기부여가 되었다. 힘들 때마다 그 일을 생각하며 의지를 불태우곤 했다. 많은 어려움이 있었지만 10년이 채 지나지 않아 미국 전역에 뇌교육을 가르치는 센터가 100개가 넘게 세워지고 다른 교육 사업들도 성공해서 그때 스스로에게 다짐했던 약속을 지킬 수 있었다.

'행-불행'이라는 모습으로 인생에서 만나는 모든 사건들은 긴 안목으로 보면 성장의 기회일 뿐이다. 나는 근본적으로 악운이란 없다고 생각한다. 그렇기 때문에 운을 탓할 이유가 없다. 자신의 목표를 향해 나아가고자 하는 의지와 열정, 경험을 통해 배움을 얻고 성장할 수 있는 겸손과 감사함과 지혜가 필요할 뿐이다.

운은 돌고 도는 것이다. 누구도 흐르는 운을 막을 수는 없다. 골프의 성인이라 불렸던 보비 존스Bobby Jones는 이런 명언을 남겼다. "긴 안목으로 보면 결국 운이란 평등하고 공평한 것이다." 골프에서도 인생에서도 운을 내 편으로 만드는 방법은 최선을 다해서 노력하는 것이다. 자신이 세운 뜻과 목표를 놓지 않고 끝까지 집중하면, 하늘은 스스로 돕는 자를 돕는다. 누가 봐도 진실하게 최선을 다하는 사람은 하늘이 돕기 전에 주위 사람들이 돕는다.

골프도 인생도 불확실하다. 미리 정해져 있는 것은 없다. 불확실성은 우리에게 불안과 고통을 주지만 동시에 우리를 끊임없이 노력하고 창조하게 함으로써 삶을 더 풍요롭게 한다. 다음 샷에 어떤 공이 나올지, 다음 라운드가 어떻게 전개될지 모르기 때문에 골프가 더 재미있지 않은가.

다음번에 골프를 할 때는 얼마나 운이 안 좋았는지를 생각하지 말고 얼마나 운이 좋았는지를 헤아려보자. 대부분의 골퍼들이 잘 맞은 샷은 금방 잊어버리고 실수한 샷은 오래 기억한다. 뇌를 잘 쓰는 사람은 반대로 생각한다. 한 샷 한 샷 최선을 다하되, 좋은 샷은 기억하고 나쁜 샷은 잊어버린다. 골프를 할 때마다 나는 운이 참 좋은 사람이라고 생각해보자. 어떤 일이 있어도 스스로 운이 좋다고 생각하는 사람에게는 운명의 신도 당해낼 재간이 없다.

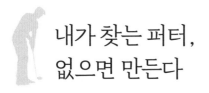

내가 찾는 퍼터,
없으면 만든다

한창 퍼팅 연습에 집중할 때였다. 혼자서 별별 연습을 다 했다. 공을 수평으로 3등분한 다음에 머리, 중간, 바닥을 겨냥해보기도 했다. 이번에는 수직으로 3등분해서 왼쪽, 중간, 오른쪽을 쳐보기도 했다. 그래도 퍼팅 실력이 그다지 나아지지 않았다. 감을 좀 잡았다 싶다가도 다음날이면 도루묵이 되곤 했다. 어느 날 1미터도 안 되는 퍼팅을 놓치고는 허탈해서 '차라리 손으로 치는 게 낫겠다'라는 생각을 했다.

그런데 그날 밤 손으로 퍼팅하는 꿈을 꾸었다. 마치 구슬치기를 하듯이 네 손가락을 펴서 땅에 대고 엄지손가락으로 골프공을 쳤더니 공이 또르르 굴러서 홀컵에 들어가는 것이 아닌가! 어찌나 기분이 좋던지, 아마 그때 나는 꿈을 꾸면서도 웃고 있었을 것이다.

퍼팅을 할 때마다 계속 그 꿈이 생각났다. 손으로 하는 것처럼 퍼팅을 하려면 어떻게 해야 할까? 생각이 꼬리를 물고 이어졌다. 퍼터는 페이스가 좁고 긴데, 좀 더 짧으면 집중을 더 잘 할 수 있지 않을까? 퍼터보다 페이스가 더 날카롭고 짧은 샌드아이언으로 퍼팅을 해보았다. 쉽지 않았지만 더 집중하게 되고 공이 더 정확하게 나가는 것 같았다. 몇 주 연습을 해보니 샌드아이언도 성에 차지 않았다. 클럽 페이스가 딱 골프공만 하면 좋겠다는 생각이 들었다. 하지만 그런 클럽은 존재하지 않는다.

급기야 내가 퍼터를 직접 만들어보겠다고 생각했다. 한 제작업체를 찾아가 설명했더니 어떤 모양인지 그림을 그려보라고 했다. 대충 그린 내 퍼터 디자인을 한참 들여다보던 제작자는 호탕하게 말했다. "충분히 만들 수 있죠." 문제는 최소 수량이 300개라는 것이다. 금형을 떠야 하고, 300개나 만들어야 하니 비용이 만만치 않았다. 망설여졌으나 한번 발동한 호기심은 쉽게 사그라들지 않았다. 내가 생각한 대로 퍼터를 만들 수 있다고 하니 호기심은 더 커졌다. 내가 디자인한 퍼터로 직접 퍼팅해보며 짧은 클럽 페이스가 퍼팅의 정확도를 높여줄지도 모른다는 내 생각이 일리가 있는지 확인해보고 싶었다. 결국 큰 마음을 먹고 실행에 옮겼다.

내가 만든 퍼터의 클럽 페이스는 딱 골프공만 하고 헤드의 뒤쪽은 네 손가락을 펼친 모양이다. 어떻게 보면 노루발이 네 개로 갈라진 망치 같기도 하고, 두 개의 갈퀴가 달린 말발굽의 편자 같기도 하다. 내가 직접 디자인한 퍼터를 들고 그린에 섰을 때 뿌듯함과 기대감으로

가슴이 설렜다. 결과는 어땠을까? 처음에는 초집중 하니 잘 맞았는데 나중에는 일반 퍼터보다 더 나은 게 없었다. 헤드가 너무 작아서 불안정한 느낌을 주었다. 몇 달 가지고 다니다가 결국은 다시 일반 퍼터로 돌아가고 말았다.

나머지 299개 퍼터는 어떻게 되었을까? 그 퍼터를 들고 골프 코스에 나가면 캐디고 동반자고 할 것 없이 다들 눈이 휘둥그레져서 뭐냐고 물었다. 내가 직접 디자인한 퍼터라고 하면 더 놀랐다. 연습장에서 내 퍼터가 화제가 되어 그걸 한 번 사용해보려고 나를 기다리기도 했다.

내 퍼터를 갖고 싶다는 사람들이 생겨나기 시작했다. 처음에 잘 맞은 것은 일종의 플라세보 효과 같다고, 별 효과 없는 실패작이라고 손사래를 쳐도 신기하다며 갖고 싶어 했다. 그래서 팔기 시작했다. 명필은 붓을 가리지 않는다지만 골퍼들은 신무기에 대한 환상과 유혹을 떨쳐버리지 못한다. 나도 지금껏 이름 있는 브랜드의 비싼 클럽부터 동네 월마트에서 호기심으로 산, 세트에 10만 원하는 클럽까지 족히 열 번은 넘게 바꾼 것 같다. 가까운 골퍼들에게는 내가 만든 퍼터를 선물도 하고 대부분은 팔아서 이제 몇 개 남지 않았다. 적어도 제작비는 회수했으니 밑진 장사는 아니었다. 그게 벌써 15년 전 일이다.

내 퍼터 실험을 실패라고만 할 수는 없다. 그 경험 이후로 발명이 아주 특별한 것은 아니구나 싶은 생각이 들었다. 관심과 호기심을 가지고 관찰하며 뭐든지 더 편리하게, 더 아름답게, 더 새롭게 할 방법을 찾아보면 발명이 될 수 있는 것이다. '필요하면 찾고, 찾아도 없으면 만든다'라는 생각으로 아이디어가 떠오르면 뭐든 시도해보게 되었다. 퍼터를 만들어본 경험 덕분에 나중에 내 아이디어를 실제 상품으로 현실화할 수 있었다. 장 건강을 위해 고안한 배꼽힐링기, 뇌를 맑게 해주는 명상용 에센셜 오일 그리고 내 몸으로 직접 실험을 해보며 황칠을 이용한 다양한 상품을 개발할 수 있었던 것도 이때의 경험이 큰 힘이 되었다.

지금까지 살아오면서 개인의 능력을 넘어서는 것처럼 보이는 일들을 많이 시도했다. 실패도 많았지만 내가 정말로 중요하다고 여겼던 일들은 대부분 이루어졌다. 그 과정에서 필요하면 찾고, 찾아도 없으면 만든다는 생각이 도움이 되었다. 생각해보면 학교에서 배운 지식보다는 스스로 질문하고 그 문제를 해결해온 경험이, 그 과정에서 나 자신을 존중하고 사랑하는 힘이 내 삶을 지탱해주었다.

필요하면 찾고, 찾아도 없으면 만든다. 이것은 물건이나 사업에만 적용되는 것이 아니다. 이러한 철학을 가지면 누구나 자기가 원하는 인생을 '발명'할 수 있다고 생각한다. 세상에 이렇게 살아야 한다고 딱히 정해진 법은 없다. 골프도 반드시 이렇게 쳐야 한다는 법은 없다. 끊임없이 '나는 누구인가, 나는 무엇을 원하는가'를 묻고, 자신이 얻은 답을 실현하기 위한 길을 찾는 것이 인생이다. 찾아도 없으면 그 길을 만들어서 가면 된다. 이미 잘 닦여진 길을 걸어가는 것은 쉽다. 하지만 꿈을 이루기 위해서는 때로는 없는 길을 만들어야 하고, 세상 모든 사람들이 따라가는 물길을 뒤로하고 혼자서 죽을 힘을 다해 물길을 거슬러 올라가야 할 때도 있다.

혼자 하는
골프의 즐거움

지옥의 벌 중 하나가 '혼자서 18홀 돌기'라는 우스갯소리가 있을 만큼 혼자 하는 골프는 인기가 없다. 한국의 골프 코스에서는 불가능할 때도 많다. 주로 4인 1조를 맞추어야 하고 캐디가 동행하기 때문이다.

미국에서는 특별히 요청하지 않으면 캐디가 동행하지 않는다. 아예 캐디가 없는 퍼블릭 골프 코스도 많다. 미국의 퍼블릭 골프 코스는 마치 동네 놀이터 같은 느낌을 준다. 10~20분이면 운전해서 갈 수 있을 정도로 가깝고, 그린피는 한국에 비하면 거저라는 느낌이 들 정도로 싸다. 부모들이 아이들을 데려와 골프를 가르치는 모습도 흔하게 볼 수 있다. 18홀 코스에서 9홀만 치기도 하고, 9홀을 돌고 집에 가서 밥 먹고 다시 와서 나머지 홀을 도는 사람들도 있다. 혼자 골프를 하는 사람도 심심찮게 볼 수 있다.

한국에는 골프 친구가 많지만 미국의 세도나나 뉴질랜드에서는 손에 꼽는다. 그래서 혼자 골프를 할 때가 많다. 주로 아침 일찍 골프장에 가기 때문에 내가 첫 티오프를 끊을 때도 많고, 다음 조가 올 때까지 넓은 골프장에 혼자 있을 때도 있다.

혼자 하면 대화 상대가 없으니 지루할 때도 있다. 동반자들이 멋진 샷을 날렸을 때 "굿 샷!" 하며 박수쳐주는 재미도 없다. 하지만 혼자 하는 골프는 그것대로의 즐거움이 있다. 다른 이들을 의식하지 않고 온전히 나 자신에게 몰두할 수 있다. 그렇게 집중하면 내 문제점과 결점이 더 잘 보인다. 그것을 해결할 방법을 찾아서 계속 연습한 끝에 좋은 샷을 하면 기분이 아주 좋다. 어떤 방해도 받지 않고 내 에너지를 한 샷 한 샷에 쏟아부을 때 느껴지는 몰입감은 뭐라 표현할 수 없는 만족감과 기쁨을 준다. 집중과 몰입을 통해 내 골프가 발전하는 것이 느껴지니 보람이 있다.

혼자서 골프를 할 때는 점수가 별 의미가 없다. 공을 두 개 놓고 칠 때도 있고, 샷이 마음에 들 때까지 대여섯 번을 치기도 한다. 몰입이 잘 될 때는 중간에 멈춤 없이 빠르게 치면서 흐름을 탄다. 그런 날은 시간이 언제 가는지도 모르게 훌쩍 지나간다. 혼자 할 때는 18홀 한 라운드를 도는 데 2시간이 채 안 걸린다는 장점도 있다.

혼자 골프를 하는 즐거움 중의 하나는 자연을 더 잘 즐길 수 있다는 점이다. 세도나에서 가끔 늦은 오후에 공을 칠 때면 노을을 만날 때가 있다. 석양이 붉은 바위산들을 황금빛 오렌지색으로 물들이다가 하늘을 선홍색으로 불태우는 장관을 연출한다. 그런 하늘을 보고 있으면 온몸에 전율이 흐른다. 찬란한 자연의 색과 빛이 내 몸 세포 하나하나를 뚫고 들어오는 느낌이 든다.

그런 순간에는 방금 전에 놓친 퍼트 따위는 전혀 중요하지 않다. 아름다운 대자연은 내 안에 있는 순수한 생명을 일깨운다. 더 보탤 것도 뺄 것도 없는 너무나 평화롭고 완전한 생명이 내 안에 있다는 것이 느껴진다. 내 안에 고동치는 생명 에너지를 더 많은 사람들과 나누고 좀 더 좋은 일에 쓰고 싶은 마음이 일어난다. 천지간의 모든 생명이 건강하고 행복하고 평화롭기를 기원하는 마음이 마구 솟아난다.

자연과 깊은 교류가 일어날 때, 우리는 자신 안의 자연을 만난다. 꾸미지 않아도 있는 그대로 아름답고, 있는 그대로 완전한 우리 안의 자연이 살아난다. 자연과 나의 경계가 사라지고 하나가 된다. 그 순간에 가슴을 가득 채우는 것은 감사함이다. 아무 조건 없이 감사하다. 내가 지금 이 순간 살아 있다는 것이 감사하고, 오늘 어떤 골프를 했던 지금 이 순간에 이르게 한 모든 것들이 그저 감사할 뿐이다.

기회가 된다면 혼자서 골프를 즐기는 시간을 가져보자. 온전히 자기만의 골프에 몰두해보자. 골프 코스에서 어렵다면 연습장에서라도 그런 마음으로 집중해보자. 어떤 일이든 좋아하고 재미와 의미를 느끼면 몰입할 수 있다. 몰입 속에서 일과 자신, 놀이와 자신 사이에 일체감이 느껴진다. 그런 일체감은 보상이 따르지 않아도 그것 자체로 기쁨과 행복을 준다. 우리가 하는 모든 일에 발전을 가져온다.

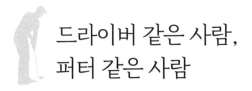

드라이버 같은 사람,
퍼터 같은 사람

"골프를 하면 할수록 인생을 생각하게 되고, 인생을 보면 볼수록 골프를 생각하게 한다." 골프 평론가 헨리 롱 허스트Henry Longhurst가 말했다. 골퍼라면 누구나 공감할 말이다.

골프는 인생뿐만 아니라 경영에도 곧잘 비유되곤 한다. 하나의 조직이나 기업을 운영할 때처럼 골프 라운드에서도 목표와 전략이 필요하고, 모든 자원을 효율적으로 관리해야 하며, 위기관리 능력을 발휘해야 하고, 선택과 집중을 잘 해야 한다.

골프는 사람 됨됨이를 거울처럼 비춰주기 때문에 많은 경영자들이 인재를 채용할 때 일부러 라운딩을 함께 하며 어떤 재목인지를 체크하기도 한다. 물론 골프를 얼마나 잘하는지를 살펴보는 것이 아니라 그 사람의 성품과 자질, 매너, 위기에 대처하는 능력 등을 보려는 것이다.

경영자라면 좋은 인재를 찾고 기르기 위해 많은 정성과 노력을 기울일 것이다. 일은 결국 사람이 한다. 인공지능이 사람의 노동을 대체하는 시대가 왔어도 중요한 기획과 결정은 결국 사람의 손을 거칠 수밖에 없다. 사람 때문에 속상하고 골머리를 앓아도, 결국은 사람이 힘이고 희망이다.

코스에서 클럽을 고르고 사용하는 것은 경영에서 인재를 선택하고 운용하는 것과 많이 닮아 있다. 열네 개의 클럽은 각각 그에 맞는 목적이 있다. 어떤 클럽을 어떻게 사용하는가에 따라 경기의 내용이 크게 달라진다. 그래서 프로들이 경기를 할 때는 상대방이 몇 번 클럽을 사용했는지 물을 수 없게 되어 있다.

골프할 때 드라이버와 아이언과 퍼터가 모두 필요하듯이 일을 하려면 서로 다른 장점을 가진 많은 인재들이 필요하다. 호쾌한 드라이버 샷처럼 조직에 새로운 자극과 열정, 혁신의 에너지를 불어넣을 사람도 필요하고, 좋은 아이언 샷으로 그린 적중률을 높이듯이 잡초 같은 근성으로 어떤 장애물 속에서도 포기하지 않고 극복할 방안을 찾아내는 사람도 필요하다. 그런가 하면 마지막으로 홀컵에 공을 넣어줄 사람, 끝까지 최선을 다해 결과를 책임질 퍼터 같은 사람도 필요하다. 다 적절한 용도가 있으므로 어떤 클럽이 최고라고 말하기 어렵듯 사람도 그러하나 굳이 꼽으라면 나는 퍼터 같은 인재를 가까이 두고 싶다.

드라이버는 쇼고, 퍼터는 돈이라는 말이 있다. 그동안의 내 경험으로는 드라이버와 같은 역할을 할 사람을 정할 때는 모험을 할 수 있지만, 퍼터 역할을 할 사람을 정할 때는 그럴 수 없다. 사업의 진짜 성패를 가리는 순간이 왔을 때는 믿고 신뢰할 수 있는 퍼터 같은 사람에게 일을 맡길 수밖에 없다. 비거리가 짧아도 퍼팅 실력이 좋으면 게임을 만회할 수 있지만, 아무리 비거리가 좋아도 퍼팅 실력이 형편없으면 좋은 결과를 낼 수 없다.

내게 퍼터 같은 사람이란 유능하면서도 신뢰와 믿음을 주는 사람이다. 아무도 책임감을 느끼지 않는 일에 누가 시키지 않아도 스스로 책임감을 느끼며 스스로 일을 찾고 만들어서 하는 사람이다. 골프에 비유하자면 장타를 300미터 이상 날릴 정도로 능력이 출중하지만 자기를 과시하려는 욕심 때문에 합심을 방해하는 사람은 좋은 리더가 못 된다. 그런 사람보다는 사익을 위해 공익을 희생하지 않을 사람, 어떤 상황에서도 회사나 공동체의 안위를 먼저 생각하며 끝까지 책임을 다하는 사람에게 마음이 먼저 간다.

경영과 리더십 분야의 고전으로 자리 잡은 짐 콜린스Jim Collins의 《좋은 기업을 넘어 위대한 기업으로》에서 저자는 5단계의 리더십을 제시한다. 4단계의 '유능한 리더'는 강한 카리스마와 놀라운 추진력으로 큰 실적을 내지만 결정적인 순간에 자기중심적으로 사고하는 경향을 보이는 반면, 5단계의 '훌륭한 리더'는 자신의 에고를 뛰어넘어 자기 자신보다는 전체를 생각할 줄 아는 리더라고 말한다.

신의나 정직의 원칙을 지키는 대신 개인적인 이익을 취할 수 있을 때, 혹은 자신이 가치 있게 여기는 원칙을 지키기 위해 불이익을 감수해야 할 때, 그러한 도전과 시험의 순간에 어떤 선택을 하느냐가 진짜 리더십을 보여줄 것이다. 견리사의見利思義, 이익을 눈앞에 두었을 때 방향을 바꾸지 않고 끝까지 의義라는 홀을 향해 나아가는 사람, 퍼터 같은 사람이 훌륭한 리더라고 생각한다.

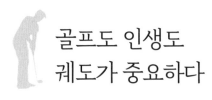

골프도 인생도
궤도가 중요하다

골프 스윙의 기본을 충실히 익히고 꾸준히 연습하면 빠르고 느리고 의 차이는 있지만 누구나 자기 몸에 맞는 스윙 궤도를 찾게 된다. 스윙은 중력과 원심력 등 물리법칙을 따르는 운동이다. 따라서 지금의 자기 몸이 허락하는 가장 좋은 스윙 궤도를 이탈하지만 않으면 일관된 스윙으로 안정적인 게임을 할 수 있다. 문제는 아주 당연하게 들리는 이 원리를 실천하기가 결코 쉽지 않다는 것이다.

좋은 스윙 자세와 궤도를 갖고 있음에도 미스 샷이 나오는 이유는 대부분 욕심이나 불안감 때문이다. 드라이버 샷이 시원하게 잘 맞는 날에는 그때까지의 안정적인 흐름을 쭉 타고 가면 좋으련만, 어느 순간 거리를 더 내겠다는 욕심이 슬그머니 올라온다. 그러면 자기도 모르게 몸 어딘가에 힘이 들어가서 휘청대거나 움찔하며 스윙이 흔들리고 샷이 이상해진다.

숏 게임에 능숙한 사람이 아니라면 그린을 50미터 남겨둔 아이언 샷에서 그린에 안정적으로 올리기만 하면 좋으련만, 오늘 컨디션이 좋으니 공을 홀컵에 최대한 바짝 붙여야겠다는 생각이 일어난다. 그러면 뒤땅이나 탑핑을 치거나 공이 그린을 한참 벗어나기까지 한다. 동반자가 멋진 장타를 내면 그동안 잘 해오던 자신의 스윙에 갑자기 자신감이 없어지거나 생각이 많아지고, 무리수를 두며 엉뚱한 스윙을 시도하기도 한다. 한마디로 욕심이 스윙 궤도를 망가뜨린다.

다시는 다른 사람 흉내 내지 말고 내 스윙 궤도를 다듬는 데 집중해야지, 하고 마음을 다잡다가도 마치 환절기면 찾아오는 감기처럼 욕심이 올라온다. 아마추어 선수들뿐만 아니라 프로선수들도 이런 패턴에서 완전히 자유로운 사람은 없다. 2016년 리우 올림픽에서 금메달을 따 골든 커리어 그랜드슬램을 달성한 박인비 선수도 US오픈 우승 후 실패에 대한 두려움 때문에 잔디만 봐도 속이 울렁거렸다고 고백한 적이 있다. 그래서 골프는 평생 공부일 수밖에 없고 마음을 다스리는 자기 수양이 될 수밖에 없다.

내 몸에 맞는 스윙 궤도를 찾고 완성해가는 골프는 우리의 인생과 참으로 닮았다. 우리는 인생이라는 항해에서 자신에게 만족과 기쁨을 주는 자기만의 길, 자신의 인생 궤도를 찾기 위해 노력한다.

골프에서 자신의 기본 스윙 궤도가 전혀 없고 매번 완전히 새로운 스윙을 해야 한다면 참으로 힘들 것이다. 인생에서도 마찬가지다. 누구나 살면서 수많은 선택 상황에 놓이는데, 그때 길잡이가 되어줄 지도나 지침서 같은 것이 필요하다. 그것이 원칙과 철학이다. 원칙과 철학이 있어야 자신의 인생 궤도를 그리며 나아갈 수 있다. 원칙과 철학은 우리 삶에 방향성을 주고, 많은 선택 상황에서 갈등하지 않게 해준다. 그런 가치 기준이 있을 때 기분이나 감정의 지배를 덜 받는다. 또한 인생이라는 항해에서 풍랑을 만나 균형을 잃었을 때도 더 수월하게 균형을 회복할 수 있다.

골프에서 자신의 스윙 궤도를 몸에 익히고서도 다른 사람을 이기고 싶은 마음, 나를 과시하려는 허세, 자신의 스윙에 대한 의구심이나 불안 때문에 궤도를 이탈하듯이 삶의 원칙과 철학이 있다고 해서 인생의 궤도를 늘 지킬 수 있는 것은 아니다. 자신이 세운 원칙과 철학을 스스로 저버릴 때도 있고 실천력이 따라 주지 않을 때도 많다. 행동의 지침이 될 원칙과 철학을 갖는 것과 그것을 그대로 지키는 것은 별개의 문제다. 골프 코스에서 미스 샷이 나는 이유는 스윙 궤도가 없어서가 아니라 그것을 지키지 않고 이탈하기 때문인 것과 마찬가지다.

스윙 궤도를 자꾸 이탈해서 미스 샷이 날 때는 어떻게 해야 할까? 자꾸 이 스윙, 저 스윙으로 바꾸며 교정하려고 할수록 스윙은 더 엉망이 된다. 그때는 마음을 비우고 겸손한 자세로 자신의 스윙 궤도로 돌아가고 골프의 기본으로 돌아가 다시 시작해야 한다.

인생에서도 자신이 휘청거린다고 생각할 때는 무엇을 더 찾고 배우려 하기보다는 마음을 비우고 기본으로 돌아가야 한다. 나는 어떤 사람으로 살기를 원하는가? 내가 인생에서 가장 중요하게 생각하는 가치와 원칙들은 무엇인가? 이런 질문으로 돌아가서 답을 구해야만 다음 발걸음을 어디로 디딜지 방향을 찾을 수 있다.

골프에서 풀스윙을 할 때 회전축이 잘 고정되어 있어야만 일관된 스윙을 할 수 있다. 인생에서도 흔들리지 않는 중심 역할을 할 수 있는 가치 기준이 있어야만 남의 장단에 맞추어 춤추지 않고 자기만의 속도와 리듬으로 자기 길을 갈 수 있다. 평생 골프를 하면서 처음부터 끝까지 아무런 변화 없는 스윙 궤도를 그리는 것이 아니라, 스윙을 조금씩 개선하며 군더더기 없고 깨끗하고 일관된 자신만의 스윙을 완성해가는 것이다.

인생에서도 단 하나의 궤도만을 그리며 살지는 않는다. 궤도를 크게도 그렸다 작게도 그렸다 하고, 너무 힘을 주어 오버 스윙을 하듯 과욕을 부릴 때도 있다. 임팩트는 좋은데 끝까지 피니시를 못 하듯, 시작은 잘 해놓고도 마무리를 못 해서 아쉬운 적도 많다. 때로는 완전히 새로운 스윙을 시도하듯이 직업도 바꾸고 인생을 함께하는 사람들이 달라지기도 한다.

하지만 인생을 큰 그림으로 보면 우리는 마음 깊은 곳에서 늘 하나의 궤도를 원했다는 것을 알게 된다. 자기 자신에게 진정한 내적 만족을 주는 삶, 자기 자신의 가치를 마음껏 표현하고 실현하는 삶을 원한다. 정확한 임팩트를 통해 공을 원하는 목표 지점으로 보내기 위해 다양한 스윙을 시도해보듯, 인생에서도 여러 길을 기웃거리고 때로는 모험도 해보는 이유는 자신의 영혼에 평화와 안정감을 주는 자신의 길을 찾기 위함이다.

자기 자신이 진정으로 무엇을 원하는지 알고, 그것을 이루기 위해 후회 없이 살았다고 느끼면 아무리 험난한 인생이었다고 해도 자신의 삶에 만족을 느낀다. 하지만 다른 사람들이 부러워하는 많은 성취를 이루었다 하더라도 자신이 진정으로 원하는 것이 무엇인지 모른 채 살았다면 허무함을 느끼기 마련이다. 반면, 자신이 원하는 삶이 있었지만 그 궤도를 이탈한 채 살았다고 생각하면 깊은 회한이 남는다. 골프에서도 인생에서도 자신의 궤도를 따라 자기만의 리듬과 속도, 타이밍으로 나아가야 진정한 만족을 느낄 수 있다.

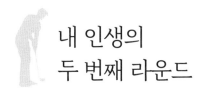

내 인생의
두 번째 라운드

골프에서 한 홀에서의 성공이나 실패로 일희일비할 필요가 없듯 인생에서도 마찬가지다. 한 라운드에서도 OB가 나서 공을 잃어버린 홀도 있지만, 턱이 높은 벙커에 빠진 공을 살려 멋지게 그린에 올리는 홀도 있다. 골프든 인생이든 기회는 여러 번 주어진다. 끝까지 포기하지 않고 노력하며 나아가는 것이 중요하고, 또 끝까지 가봐야 알 수있다.

우리 골퍼들은 골프와 인생을 서로 빗대어 말하기를 좋아하는데, 18홀의 스토리 하나하나를 인생의 한 시절에 비유할 수 있다. 예순살 무렵, 이제 내 인생의 18홀 중 12홀을 마쳤으니 나머지 6홀을 잘준비해야겠다고 생각했다. 그런데 예순일곱 살에 뉴질랜드에서 얼스빌리지 프로젝트를 시작하면서 생각을 달리하게 되었다. 내 인생의 첫 라운드 18홀을 홀아웃 했고, 이제 두 번째 라운드를 시작한다고 생각을 바꾸었다. 그 무렵《나는 120살까지 살기로 했다》라는 책을 쓰고 있었다.

첫 번째 라운드에서 첫 6홀, 청소년기와 청년기 때의 나는 원하지 않는 게임에 억지로 끌려나온 선수처럼 혼란스러웠고 불만에 가득 차 있었다. 누가 내 동의도 없이 인생이라는 게임에 나를 데려왔는지 원망스러웠고, 게임의 의미도 목적도 몰랐기 때문에 즐겁지 않았다.

서른에 내 삶의 가치와 목적을 깨닫고 뜻을 세웠다. 나의 길, 내 인생의 스윙 궤도를 찾았다. 서른다섯 살에 쓴 첫 책《단학》에 '나와 민족과 인류를 살리는 길'이라는 부제를 달았더니 출판사 사장이 너무 거창하다며 바꾸자고 했다. 그러면 책을 안 내겠다고 버텨서 결국 그 부제를 관철시켰다. 나는 모든 사람이 진정한 자기 자신을 찾고, 거기서 오는 자신감, 창조성, 홍익하는 마음을 쓰며 사는 것이 개인뿐만 아니라 지구를 살리는 길이라고 지금도 굳게 믿고 있다. 사람이 할 수 있는 일 중에서는 그것이 세상을 변화시키는 가장 큰 힘이라고 생각한다.

그 믿음으로 안양의 작은 공원에서 중풍환자 한 명에게 심신수련을 가르치기 시작했다. 그 시작을 계기로 전국에 단학과 뇌교육을 가르치는 센터를 열었고, 뇌 활용을 연구하는 대학과 연구 기관을 세웠다.

한국에서의 삶을 뒤로하고 미국에서의 힘든 개척기를 지나 첫 라운드의 10홀쯤에 도착한 세도나에서 내 인생의 홀인원을 만났다. 세도나의 자연이 주는 축복과 그곳에서 만난 좋은 친구들과 후원자들 덕분에 한국과 미국뿐만 아니라 십여 개국에 뇌교육을 보급하며 50대를 보냈다.

60대 중반에 내게 영감을 주는 새로운 자연과 일을 찾아 뉴질랜드로 갔다. 그곳에서 내 가슴을 뛰게 하는 새로운 꿈을 발견했다. 뉴질랜드의 아름다운 자연 속에서 사람과 자연과 세상을 가슴에 품은 지구시민을 양성할 학교와 친환경 생활공동체 얼스빌리지를 만드는 것이다. 그 꿈을 이루고 모두가 행복한 세상을 만드는 데 더 기여하고 싶어 120살까지 살겠다고 마음먹었다.

인생에 한두 번 쯤은 누구나 가슴 뛰는 꿈을 만난다. 하지만 살면서 어려움을 겪다 보면 뛰던 가슴이 멈출 때가 있고, 다시는 꿈을 꿀수 없을 것 같은 좌절감이 들기도 한다. 그동안 나도 여기까지가 내한계인가 자문해본 적이 많다. 인생에서도 골프에서도.

하지만 아무리 나이를 먹고 마음의 상처가 많더라도 우리 내면에는 순수한 열정과 희망이 있다. 그 열정과 희망을 회복하는 순간 다시 가슴이 뛴다. 여기가 끝인가 보다, 느낀 순간에도 희망을 붙잡으면 기운이 돌며 다시 새로운 창조가 시작된다. 100세 골프를 가능하게 하는 가장 큰 힘은 자신의 인생과 골프에 대한 열정과 희망이라고 생각한다. 열정과 희망이 있는 한 오늘 내게 주어진 하루에 감사하고 작은 일에도 기쁨을 느끼며 자신의 인생과 골프에 남은 시간을 연장하고 싶은 마음도 생긴다.

지금 내 가슴은 처음 뜻을 세웠던 서른 살 그때처럼 다시 뛴다. 가슴 뛰는 일이 있다는 것은 얼마나 큰 축복인가. 살아 있는 동안 한 사람에게라도 더 도움이 되고 싶고, 더 좋은 세상을 만드는 데 기여하고 싶다. 언제 어디서든 세상에 필요한 존재가 되고 싶다. 몸은 늙어가겠지만 정신은 상록수처럼 푸른 삶, 마지막 순간까지 의욕이 솟구치는 그런 삶을 살겠다고 마음먹으니 내 심장과 뇌도 더 젊어지는 것 같다. "이러다가 정말 120살까지 살 것 같은데!" 스스로에게 이런 농담과 응원도 던진다.

골프는 내 인생 첫 라운드의 후반 9홀을 함께해주었다. 골프 덕분에 나 자신을 더 잘 볼 수 있었고, 좋은 사람들을 만날 수 있었고, 자연을 더 가까이 할 수 있었다. 내 인생의 두 번째 라운드에서는 골프가 내게 또 어떤 기쁨과 즐거움을 가져다줄까. 내게 어떤 도전을 선물하고 나는 그 도전을 어떻게 받아들이고 극복해나갈까. 이런 상상을 해보는 것만으로도 가슴이 벅차다. 100살에도 골프장에 가기 전날에 마음이 설렜으면 좋겠다.

우리가 이 세상에 온 것은 우리의 선택은 아니다. 하지만 어떻게 살지는 선택할 수 있다. 우리는 생명을 받으면서 시간과 공간을 함께 받았다. 내 시간과 공간을 어떻게 쓰다 갈지는 내 선택이다. 어떤 환경에 있든 자신에게 밝은 의식을 가진 뇌가 있고, 선택할 수 있는 힘이 있다는 것만 잊지 않는다면 장애는 문제가 되지 않는다. 그렇게 생각하고 사는 사람은 자신의 탄생을 축복으로, 삶을 예술로, 죽음을 영광으로 만들 수 있다.

내가 초보자일 때는 피니시 자세가 중요하다는 말이 잘 이해되지 않았다. 공은 이미 맞아서 날아갔는데 피니시에서 어떤 자세를 취하든 무슨 상관일까? 멋지게 보이려고 그러는 건가? 더욱이 공이 제대로 맞지 않았는데 피니시 자세를 취하려고 하면 민망하기 그지없었다. 한참이 지나서야 피니시가 좋은 스윙 궤도를 만들기 위한 훈련이며 동시에 내 스윙 과정을 보여주는 거울이라는 것을 이해하게 되었다.

임팩트는 드라이브에 가속도가 실린 상태에서 순간적으로 일어나기 때문에 조절이 어렵다. 의도적으로 조절하려는 시도가 오히려 나쁜 샷을 만들기 쉽다. 임팩트 순간을 조절하기보다는 견고한 어드레스에서 출발해 마지막 피니시까지 스윙 궤도를 정확하게 의도하고 있으면 그 궤도를 따라가는 중에 최상의 임팩트가 일어나게 할 수 있다.

인생도 마찬가지다. 내가 이 삶을 마칠 때 어떤 모습이길 원하는가? 현재 주위의 모든 상황을 분석해서 매 순간 최선의 선택을 하기는 쉽지 않다. 그럴 때 한 가지 중요한 지침은, '지금 내가 하는 선택이 나의 피니시, 삶을 마칠 때 내가 원하는 모습으로 가게 하는가?'를 묻는 것이다. 중요한 선택의 순간에 자신의 피니시를 기억하는 것이 보다 좋은 선택을 하게 도와주고, 궁극적으로는 보다 충만한 삶을 사는

데 도움을 준다. 골프에서 피니시를 보면 스윙과 구질을 알 수 있듯이 내가 어떤 삶을 살았는지 가장 분명하게 말해주는 것은 나의 마지막 모습, 그때 내 가슴속에 있는 느낌이다.

내 인생의 두 번째 라운드를 모두 마치고 홀아웃 할 때 스스로에게 건네는 이 한 마디가 내 가슴을 따뜻하게 해주기를 소망한다.

"굿, 좋았어!"

깨달음의 향기가 나는 골프

영혼의 완성을 위한 삶

내 인생에서 가장 중요한 발견은 '나에게는 내가 있다'는 사실을 알게 된 것이다. 나뿐만 아니라 모든 사람에게 그러한 내가 있다는 것을 안 것이다. 우리 모두에게는 '내 몸은 내가 아니라 내 것'이며, '내 마음은 내가 아니라 내 것'이라고 말할 수 있는 '참나'가 있다. 몸과 마음의 주인으로 존재하는 참나를 만나는 것은 일생일대의 사건이다.

참나를 만날 때 진정한 독립과 자율, 자유가 있는 삶을 살 수 있다. 주변 환경이나 조건에 끌려 다니지 않고 주체적으로 삶을 디자인하고 창조할 수 있다. 진정한 자기 자신을 만난 사람은 내면에서 힘과 열정을 스스로 발전시킬 수 있기 때문에 그 자신이 희망이 된다. 자기 안에서 희망을 발견한 사람은 누군가의 희망이 될 수 있다. 우리 한 사람 한 사람은 진정한 자기 자신으로, 자신의 참나로 살아감으로써 세상의 희망이 될 수 있다.

다른 사람들의 평가에 좌우되는 상대적 가치를 따르며 살면 비교와 경쟁 속에서 언제나 부족함을 느낄 수밖에 없다. 참나와의 만남을 통해 자신의 내면에서 그 무엇과도 비교되지 않고 비교될 수도 없는 절대적인 가치를 느낄 때, 비로소 진정한 평화와 자유로움을 알게 된다. 자신의 절대적인 가치를 실현하는 삶을 살 때 우리는 비로소 완전함을 느낀다. 이것이 영혼의 완성을 위한 삶이다.

삶을 완성하고 맞이하는 죽음

인생에서 소유할 수 있는 것은 아무것도 없다. 내 생명도 내가 소유하는 것이 아니다. 자연에서 온 생명은 내게로 와서 잠시 머물다가 죽음과 함께 나를 떠나 자연으로 돌아간다. 그래서 우리는 생명을 지키려 하지 말고 생명을 불태워야 한다. 어차피 생명은 초의 심지가 타듯이 매일 타고 있다. 이왕이면 뜻있게 태워서 생명을 잘 쓰다 가야 한다.

20여 년 전 네팔을 방문했을 때, 티베트 기념품을 파는 가게에서 아주 흥미로운 물건을 보았다. 진짜 사람의 두개골에 은박을 씌우고 여러 가지 색과 모양의 구슬로 장식한 물건이었다. 용도를 물었더니 음식을 담아 먹는 그릇이라고 했다. 왜 하필이면 음식을 두개골에 담아 먹느냐고 물었더니 죽음이 항상 삶 옆에 있다는 것을 잊지 않고 매순간을 소중하게 여기기 위해서라고 답했다. 죽음에 대한 티베트인들의 철학에 감동을 받아 그 해골 밥그릇을 사왔다. 지금도 세도나의 내 집에 있다.

나는 120살까지 살기로, 평생 골프를 하기로 마음먹었기 때문에 좋은 생활습관을 기르고 내 뇌와 몸의 컨디션을 최상으로 유지하기 위해 노력하고 있다. 동시에 죽음이 언제든지 나를 찾아올 수 있다는 것도 잘 알고 있다. 그래서 하루하루를 소중히 여기며 내 가치를 실현하고 후회하지 않는 삶을 살려고 한다.

나는 죽는 순간에 숨을 편안하게 내쉬면서 가고 싶다. 삶의 마지막 순간을 회환이나 두려움의 들숨으로 끝내는 것이 아니라 완전한 비움과 감사의 날숨으로 마무리하고 싶다. 참나의 목소리에 귀를 기울이며 내 영혼에 진실하게 사는 삶이 내 마지막 숨을 날숨으로 만들어 줄 것이라 믿고 있다.

우리나라 선도문화의 전통에는 '천화仸化'라는 말이 있다. 하늘이 된다는 뜻으로 자신의 참나를 실현하고 완성한 사람의 죽음을 가리키는 말이다. 탄생과 죽음 사이의 시간에 갇혀 있지 않으며, 자연에서 와서 자연으로 돌아간다는 것을 아는 사람의 편안하고 품위 있는 죽음이다.

우리는 살아 있을 수도 있고 그냥 존재할 수도 있다. 자신의 진정한 가치를 깨닫고 실현할 때, 삶의 모든 순간을 소중히 여기며 살아 있음을 온 세포로 느끼게 된다. 그런 삶의 끝에서 담담하고 감사한 마음으로 맞이할 수 있는 죽음이 천화다.

영적인 감각으로 함께 경영하는 지구

참나를 찾고 영혼의 완성을 위해 사는 삶은 개인뿐만 아니라 인류
와 지구를 위해서도 필요하다. 인간이 생명과 자연의 가치를 소중히
여기고 보살피는 영적인 감각을 회복해야 지구에 희망이 있기 때문
이다.

　모든 사람에게는 영적인 감각이 있지만 감정과 욕망 때문에 그 감
각이 흐려진다. 몸을 갖고 있는 한 감정과 욕망은 끊임없이 오간다.
중요한 것은 그것을 관리할 수 있는 영적인 감각을 유지하는 것이다.
감정과 욕망을 조절할 수 있는 주인이 바로 참나고 영혼이다. 참나를
찾을 때 자신의 몸과 마음을 객관적으로 바라볼 수 있는 관찰자 의식
을 갖게 된다. 자신의 감정을 조절하는 주인 된 마음을 느끼지 못하면
감정을 모시며 살게 된다. 수많은 사건과 현상들이 만들어내는 감정
에 끌려 다니지 않고 주인이 될 수 있는 마음, 그 마음을 찾고 실현하
는 것이 인생의 가장 중요한 공부다.

　영적인 감각으로 자기 삶을 경영하고 지구를 보살피는 것이 21세
기를 살아가는 사람들의 상식이 되어야 한다고 생각한다. 영적인 감
각은 우리가 한 나라나 단체, 종교나 문화에만 속한 것이 아니라 모든
생명과 하나임을 느끼게 해준다. 개인과 집단 이기주의를 넘어 지구
전체의 건강과 행복을 생각하는 지구시민 의식을 갖게 해준다. 그런

의식으로 많은 사람들이 자기 일처럼 관심을 기울이고 참여한다면 지구를 더 평화롭고 지속가능한 삶의 터전으로 만들 수 있다. 나는 모두가 행복한 지구를 꿈꾼다. 또한 인류가 그런 지구를 창조할 수 있는 영적인 감각과 힘을 갖고 있다고 굳게 믿고 있다. 그 꿈에 조금이라도 더 가까운 지구를 다음 세대에게 물려주기 위해 내가 할 수 있는 모든 일을 하는 것이 남은 내 삶의 목표다.

이미 누구에게나 다 있는 참나를 찾고 키우고 활용해서 자신의 삶을 가치 있게 만들고 다른 사람들과 지구에 도움을 주다 가는 것, 이것이 내가 아는 좋은 인생이다. 필드에서 나의 공부는 타오Tao가 골프의 모든 순간에 스며들도록 노력하는 것이다.

골프에서 인생의 도道를 찾는 벗들에게

타오의 핵심이 참나를 깨닫고 마음공부를 완성하는 것이라면, 골프의 핵심은 스윙의 완성이다. 타오와 골프가 지향하는 목표를 간단한 도형으로 표현하면 둥근 원이다.

마음공부가 얼마나 되었느냐에 따라 마음의 모서리가 다르다. 어떤 이의 마음은 세모처럼 뾰족하고, 어떤 이의 마음은 네모처럼 각이 져 있다. 마음공부는 뾰족하고 각진 마음을 다듬어 어디에도 걸림이 없는 둥근 원이 되게 하는 것이다.

마음의 모서리를 다듬어 원만하고 조화롭게 만들듯 골퍼들은 자신의 스윙 궤도를 다듬어간다. 중심, 균형, 리듬이 하나 되어 걸림 없고 자연스러운 궤도가 나올 때까지 스윙의 모서리를 끊임없이 다듬는다.

골프에서 가장 중요한 것은 자기의 스윙 궤도를 찾고 그것을 실질적으로 실현하는 것이다. 평생 골프를 한다는 것은 나이와 관계없이 자신의 체형에 맞는 궤도, 자신에게 맞는 헤드 스피드를 찾아서 실현하는 것이다. 골프에서 자신의 스윙을 발견하고 완성하는 과정은 마음공부를 하는 사람이 참나를 발견하고 실현하는 과정과 놀랄 만큼 비슷하다. 내가 혼자서도 골프 라운딩을 꾸준히 하는 이유는 골프에서 타오의 향기를 느끼기 때문이다. 타오를 통해 어떤 순간에도 '나는 나다'라고 말할 수 있는 삶을 살아왔듯이, 나는 내 골프를 하고 싶다. 나의 스윙 궤도를 찾고 실현하려는 노력은 클럽을 놓는 마지막 순간까지 계속될 것이다.

골프의 목적을 스코어가 아닌 자신의 스윙을 찾는 데 둔다면 욕망이나 감정에 치우치지 않고 평정심을 유지할 수 있을 것이다. 누군가와 경쟁해 이기기 위해서가 아니라 평생 골프를 하며 자신의 스윙을 완성하겠다고 마음먹으면 골프 경험이 더 의미 있고 충만해질 것이다. 골프가 우리에게 주는 마지막 선물도 최고의 스코어가 아닌 담담한 평정심과 감사함, 함께했던 사람들과의 좋은 추억, 최선을 다했다는 흡족함일 것이다.

나이나 성별, 직업이나 사회적 지위, 국적이 달라도 클럽을 잡고 티잉 그라운드에 서는 순간 우리는 한 명의 골퍼가 된다. 골프 게임의 규칙과 코스는 사람이 디자인했지만 골프 게임의 궁극적인 상대는 사람이 아니라 자연이다. 누구에게나 공평한 자연의 법칙 속에서 골프를 하며 또 하나의 자연인 자신의 몸과 마음을 알아가는 것이다.

골프는 햇살과 바람과 공기, 때로는 눈비 속에서도 이루어지는 자연친화적인 운동이다. 골프만큼 자연의 혜택을 많이 누리는 스포츠도 드물 것이다. 골프장을 만들고 유지하는 데는 많은 자원이 들어가고 지구에 부담을 주는 것이 사실이다. 골프를 사랑하는 만큼 지구에 빚을 지고 있고 그 빚을 갚아야 한다는 책임감을 느낀다. 둥근 골프공을 칠 때마다 지구에 대한 존중과 감사함을 잊지 않으려 한다. 최근 들어 자연을 최대한 보전하면서 골프장을 짓고 화학비료를 쓰지 않고 잔디를 관리하는 골프장이 늘고 있어 반갑고 감사하다.

함께 골프를 하는 동반자들은 깨달음의 길을 같이 걷는 벗, 도반道伴이다. 골프 바깥에서 골프를 보고, 골프 안에서 골프를 보고, 골프 속에서 자신과 세상을 보면서 골프의 도, 인생의 도를 함께 깨우쳐 가면 좋겠다. 골프 인구가 전 세계 1억, 한국에만 600만 명이라고 하니 골프인들이 사회에 미칠 수 있는 선한 영향력이 결코 적지 않을 것이다. 우리의 골프에서 타오의 향기가 나고, 그 향기가 우리 인생뿐만 아니라 지구를 더 잘 경영하는 데 기여할 수 있기를 바란다. 도반들에게 즐겁고 행복한 골프, 자기 자신을 만나고 실현하는 영적인 기쁨을 주는 골프가 평생 함께하기를 바란다.

나는 100세 골퍼를 꿈꾼다

초판 1쇄 발행 2022년(단기 4355년) 4월 15일
초판 2쇄 발행 2022년(단기 4355년) 4월 20일

지은이 · 이승헌
펴낸이 · 심남숙
펴낸곳 · (주)한문화멀티미디어
등록 · 1990. 11. 28. 제 21-209호
주소 · 서울시 광진구 능동로 43길 3-5 동인빌딩 3층 (04915)
전화 · 영업부 2016-3500 편집부 2016-3532
http://www.hanmunhwa.com

운영이사 · 이미향 | 편집 · 강정화 최연실 | 기획 홍보 · 진정근
디자인 제작 · 이정희 | 경영 · 강윤정 조동희 | 회계 · 김옥희 | 영업 · 이광우

ⓒ 이승헌, 2022
ISBN 978-89-5699-428-4 03690